Manual prático de Psicoterapia gestalt

Dados Internacionais de Catalogação na Publicação (CIP)
(Câmara Brasileira do Livro, SP, Brasil)

Martín, Ángeles
   Manual prático de Psicoterapia gestalt / Ángeles Martín ; tradução de Lúcia M. Endlich Orth. 3. ed. – Petrópolis, RJ : Vozes, 2013.

   Título original: Manual práctico de Psicoterapia gestalt.
   Bibliografia.

   7ª reimpressão, 2023.

   ISBN 978-85-326-3726-0

   1. Gestalt (Psicologia) 2. Gestalt terapia 3. Psicoterapia I. Título.

08-06496
CDD-616.89143
NLM-WM 420

Índices para catálogo sistemático:
1. Gestalt : Psicoterapia : Medicina   616.89143

Ángeles Martín

Manual prático de Psicoterapia gestalt

Tradução de Lúcia M. Endlich Orth

EDITORA VOZES

Petrópolis

© Editorial Desclée de Brouwer S.A., Bilbao, 2007.

Tradução do original em espanhol intitulado
Manual práctico de Psicoterapia gestalt

Direitos de publicação em língua portuguesa:
2008, Editora Vozes Ltda.
Rua Frei Luís, 100
25689-900 Petrópolis, RJ
www.vozes.com.br
Brasil

Todos os direitos reservados. Nenhuma parte desta obra poderá ser reproduzida ou transmitida por qualquer forma e/ou quaisquer meios (eletrônico ou mecânico, incluindo fotocópia e gravação) ou arquivada em qualquer sistema ou banco de dados sem permissão escrita da editora.

CONSELHO EDITORIAL

Diretor
Volney J. Berkenbrock

Editores
Aline dos Santos Carneiro
Edrian Josué Pasini
Marilac Loraine Oleniki
Welder Lancieri Marchini

Conselheiros
Elói Dionísio Piva
Francisco Morás
Gilberto Gonçalves Garcia
Ludovico Garmus
Teobaldo Heidemann

Secretário executivo
Leonardo A.R.T. dos Santos

Editoração: Fernando Sergio Olivetti da Rocha
Diagramação: AG.SR Desenv. Gráfico
Capa: Juliana Teresa Hannickel

ISBN 978-85-326-3726-0 (Brasil)
ISBN 84-330-2102-8 (Espanha)

Este livro foi composto e impresso pela Editora Vozes Ltda.

Sumário

Agradecimentos, 7

Prólogo, 11

1. Psicologia da gestalt ou teoria da forma, 15
2. Psicoterapia gestáltica, 26
3. O dar-se conta, 45
4. O contato, 55
5. O ciclo gestáltico, 83
6. O neurótico e a neurose, 87
7. Os mecanismos neuróticos: como se desenvolvem, 110
8. A personalidade, 126
9. Técnicas da psicoterapia gestáltica, 145
10. Os sonhos, 168
11. A função do terapeuta, 184
12. Influências que se percebem na psicoterapia gestáltica, 193

Bibliografia, 203

Índice, 207

Agradecimentos

Agradecer supõe voltar àquele tempo e àquele lugar em que foi escrito este livro e tornar a recordar as pessoas que estiveram comigo naqueles tempos.

A Elena Gabriel, por seu esforço e interesse em compreender os conceitos da Terapia gestalt, pois, graças a eles, pôde confeccionar as figuras que aparecem no livro. Este interesse ficou plasmado nos desenhos que ela elaborou para tornar mais ameno o conteúdo deste livro.

Quero agradecer também a Norma Mollot, uma mulher cheia de magia que, com seu caminhar desajeitado, sua bolsa cheia de trastes, cacarecos e homenzinhos com maletas debaixo do braço, trouxe-me Elena Gabriel, autora dos desenhos que acompanham este manual. Ela me foi apresentada e, juntas, fomos colocando caras e formas nestes encantadores bonecos tão expressivos. Elena, com uma rapidez e intuição incríveis, foi traçando no papel os desenhos, ao mesmo tempo em que compreendia os conceitos, para ela totalmente novos e desconhecidos. Por isso meu reconhecimento é enorme, pois seu esforço e competência estão claramente à vista. Isto levou tempo e energia, mas também nos proporcionou momentos especiais, nos quais compartilhamos risos, chás de variados sabores e entardeceres no jardim de Tiziano, também hoje desaparecido.

A Miguel Ángel Ruiz, meu médico preferido, por tantas e tantas sobremesas, cafés quentinhos e conversas prazerosas. Sempre pensei que nos complementávamos: você salvando vidas e eu curando "almas".

A Victor, por seu acompanhamento silencioso e tranquilo.

A meu irmão Gerardo, por sua constância e exatidão em corrigir este texto, pelas horas que lhe dedicou para que saísse o mais correto possível, por suas redarguições acerca do texto e sobretudo por seu acompanhamento nos últimos dias de composição do mesmo.

A toda a minha equipe, por sua competência, sua capacidade de trabalho e seu constante desejo de superação, sempre disposta a aprender, a compartilhar e ensinar a pacientes e alunos numa gestalt incessante. Graças a Carmela Ruiz de la Rosa, a Esther Beiztegui, a Paco Dominguez, a Mariate López García, a Inés Gajón, a Óscar Bendicho, a Jesús Ruiz de la Rosa, a Concha de Hita.

E meu agradecimento a amigos, professores e mestres que nutriram minha vida e ampliaram minha experiência com tantas coisas boas e valiosas: Nana Schnake e Pancho Huneeus, Irving e Myriam Polster, Suzana Stroke, Claudio Naranjo, Carl Rogers, Rosemary Feitis, Joseph e Sandra Zinker, Paolo Quatrini e tantos outros que, com sua sabedoria e amor, enriqueceram minha vida.

Não quero esquecer de todos os meus alunos e pacientes que, com sua confiança, suas perguntas e respostas, tornaram possível que este projeto continue funcionando e enriquecendo-se a cada ano. Gostaria de poder nomear a todos, mas é tarefa árdua e complicada que excede os limites deste texto, mas a todos o meu reconhecimento e afeto.

Também quero agradecer ao "Grupo das terças-feiras" que, com sua insistência em que me pusesse a escrever, e sua *perseguição* com a pergunta: "Como vai o livro?", representou um constante estímulo para que hoje este texto seja publicado e apareça no *mercado*. Estou consciente de que o empurrão do "Capitán Garfio..." também foi muito importante; sua reedição animou-me e recarregou minha bateria para continuar.

E, como não, a todos os colegas com os quais compartilhei esta bela profissão ao longo destes trinta anos: Agustín, Santiago Sánchez, Paco Peñarrubia, Graciela Andaluz, Ada Lopez... e muitos outros que não posso nomear por falta de espaço, mas dos quais guardo uma grata recordação.

E meu agradecimento e amor a Arnoldo Liberman por sua proximidade, seu acompanhamento e seu amor silencioso e entranhável nos momentos mais obscuros da alma.

Este livro supõe o encerramento de uma etapa. O IPG (Instituto de Psicoterapia Gestalt) completa seu trigésimo aniversário. Com a demolição do chalé de Tiziano e a abertura da Escola do IPG abrem-se novos projetos cheios de ilusão e entusiasmo, inclusive o de um novo livro relacionado com os sonhos.

Prólogo

Encontrar um livro de gestalt no mercado é sempre motivo de celebração. Se, além disso, esse livro vem assinado por Ángeles Martín, que introduziu este enfoque na Espanha há trinta anos, o motivo de celebração é duplo.

É um prazer ler um texto escrito nos albores do início desta técnica na Espanha, à qual só tiveram acesso os primeiros alunos nos longínquos anos 1970. Há um bom punhado deles, posteriores àquela data, entre os quais me encontro, que nos formamos com escassos textos teóricos e que tivemos de prover-nos de documentação escrita em outros idiomas para aproximar-nos dos conceitos teóricos da gestalt.

Fomos nós que tivemos de escutar em muitas ocasiões: "A gestalt vai bem, mas não explica nada", "Bom, as técnicas são interessantes, mas vocês não têm nem ideia de por que aplicá-las, não sabem nada de teoria".

Estes comentários já estão distantes, e alguns de nós pusemos mãos à obra: queríamos escrever para que não acontecesse o mesmo às gerações posteriores à nossa, e fizemos algo, embora não o suficiente.

Este é um dos motivos de celebração diante da publicação desta edição: ela nos coloca de novo diante dos conceitos clássicos da gestalt e nos obriga a relê-los e a repassá-los. É um livro imprescindível para os terapeutas que começam. E interessante para nós veteranos. Nem sempre os conceitos conhecidos são apreendidos, por isso convém muitas vezes examiná-los de novo para continuar impregnando-se deles.

E o que dizer da autora? Ángeles Martín introduz, difundindo e contagiando — como reza o *slogan* do IPG — a gestalt na Espanha, com singeleza, com a atitude própria de uma grande mestra, com simplicidade pedagógica.

Nós que estamos perto dela e "bebemos" de sua sabedoria, conhecemos sua competência terapêutica e sua atitude gestáltica. Há pessoas que fazem gestalt e há outras, entre as quais se encontra Ángeles, que são *a* gestalt. Sua pureza no olhar, sua atitude de máximo respeito diante do paciente, sua paciência no acompanhamento ao outro... tudo faz dela uma das melhores gestaltistas, se não a melhor, que conheço. Só ela maneja a "cadeira quente" com essa atitude, só ela – e ninguém como ela – tem essa PRESENÇA, uma presença que enche a sala, que acompanha com respeito o processo da pessoa que tem diante de si, que dá e se dá ao outro sem condições. O que se conhece em todos os textos e manuais como empatia, é isto que Ángeles desprende no contato.

Nada do que digo é alheio a quem a conhece, e é certo que todos os alunos e pacientes que passaram por suas mãos a recordam com amor, porque é o que ela desprende, é o que pratica e é o que apregoa em sua formação e em sua prática clínica, porque, como ela diz: "O que cura é o amor".

O livro que você tem em mãos começa com as leis da Psicologia da gestalt, em homenagem àqueles psicólogos da percepção, dos quais o casal Perls tomou o nome. Sabemos hoje que em suas descobertas não há muita coisa a aplicar à psicoterapia, mas tão-somente por haver-nos emprestado o nome, que hoje nos identifica a tantos gestaltistas. Eles merecem uma mínima menção em qualquer manual de psicoterapia gestáltica que se preze como tal.

Os capítulos do livro fazem um percurso pelos conceitos básicos da gestalt: o que se entende por neurose e neurótico; os mecanismos que interferem na saúde da pessoa; os chamados "jogos" em psicoterapia gestáltica; o "dar-se conta"; os sonhos; as influências de outras correntes; a função do terapeuta...

Um dos capítulos mais interessantes é o que expõe os tipos de personalidade, algo absolutamente atual, dado que parece bastante provável que a nomenclatura DSM (*Diagnostic and Statistic Manual*) desenvolva em próximas edições uma visão mais extensa dos tipos ou transtornos de personalidade e, talvez, mais esclarecedora dos transtornos do Eixo I.

Seria o caso de voltar a uma visão mais integradora dos pacientes; pacientes que, compreendidos a partir da visão de seu tipo de personalidade, são algo mais entendível e real do que uma coleção de sintomas, distúrbios ou transtornos.

Todo este conteúdo textual, que deve ser lido na perspectiva de outra época, está salpicado de belas vinhetas que tornam bem divertida sua leitura, e que não perderam atualidade.

Como não podia deixar de ser, para alguns dos conceitos o tempo já passou, visto que hoje, já no século XXI, possuímos uma riqueza e uma experiência psicoterapêutica muito maior. Não obstante, é certo que, para as pessoas que estão em formação ou que começam agora sua prática clínica, este é um texto simples, claro e básico no qual apoiar-se para iniciar novos projetos teóricos que, sem dúvida, são necessários para o século que acaba de começar.

Quando Ángeles me pediu um prólogo para seu livro, a primeira coisa que senti foi medo. Como era possível que a mestra pedisse à aluna algo tão importante? Como poderia a aluna prologar o livro da mestra, quando foi ela que lhe ensinou tudo o que se aproxima deste enfoque? Enfim... passado o primeiro impacto, deixei de sentir medo e considerei o pedido um privilégio. Havia trabalho a fazer e aqui está o resultado.

É para mim uma honra fazer o prólogo da primeira pessoa na qual confiei no que se refere à gestalt. Ela é responsável por eu estar hoje onde estou, e foi só vê-la aparecer na sala de Atocha pela primeira vez que comecei a confiar nela sem duvidar, escutá-la sem pestanejar e admirar sua competência profissional.

Frequentemente meus próprios alunos me ouvem dizer: "Quando eu for maior, quero fazer a 'cadeira quente' como Ángeles". E, embora ainda não o tenha conseguido, não cessarei no empenho; para isto continuo praticando cada dia. Com amor.

Carmela Ruiz de la Rosa
Escola de Terapia Gestalt IPG

1 Psicologia da gestalt ou teoria da forma

A Psicologia da gestalt ou teoria da forma tem seu ponto de partida nos psicólogos alemães de princípios do século XX: Koffka (1973), Köhler (1963), Wertheimer (1925), Brown e Voth (1937). A gestalt surge das teorias visuais e auditivas, numa época em que os sentimentos, as emoções e qualquer outro conteúdo que procedesse do interior da pessoa e que expressasse sua personalidade mais profunda não eram levados em conta. Seus princípios psicológicos partiam basicamente de estímulos externos. Estes psicólogos faziam experiências com figuras externas, especialmente visuais e auditivas, e não se preocupavam com as figuras que se formavam dentro do organismo e que também eram autênticas gestalts. São essas que vamos estudar mais detidamente e nas quais F. Perls colocou especial interesse. De momento entraremos na teoria da gestalt, tal como foi desenvolvida e exposta pelos primeiros psicólogos que a estudaram.

Tanto Wertheimer como seus discípulos Köhler e Koffka defrontaram-se bem cedo com as psicologias dominantes naquela época ao atacar, com suas ideias e experimentos, as teorias científicas que explicavam os fenômenos psicológicos em função dos elementos que os compõem e de suas combinações. Sua posição foi precisamente o contrário do que predominava naquele tempo no campo da pesquisa científica: partia do fenômeno como totalidade.

Wertheimer (1925) assinalou que a percepção tem um caráter de totalidade, e que uma configuração, uma gestalt, destrói-se precisamente no momento em que se pretende compreendê-la e analisá-la através da divisão e da fragmentação de suas partes. Em poucas palavras, se quisermos estudar um fenômeno através de suas partes, quando o fragmentamos para estudá-lo, o destruímos.

A Psicologia da gestalt vê a necessidade de retornar à percepção simples, à experiência imediata. Nós não percebemos sensações isoladas que posteriormente vamos integrando em totalidades, mas antes temos uma sensação de totalidade. Por exemplo, quando olhamos um quadro, o que vemos primeiro é a totalidade desse quadro sem mais, isto é, uma paisagem, um mercadinho e, posteriormente, podemos ver partes distintas de que se compõe: se é um mercadinho de frutas, primeiro vemos o mercadinho, depois podemos ir vendo separadamente essas frutas ou aquelas, um canto ou outro. Mas enquanto nos fixamos no detalhe, o mercadinho como fenômeno e totalidade desaparece.

O vocábulo gestalt foi traduzido de diversas maneiras: configuração, forma, figura, entre outras. Talvez a mais aceita tenha sido a de "forma", e daí o nome de "teoria da forma". Por outro lado, configuração sugere às vezes uma composição de elementos, algo totalmente contrário à gestalt, cuja idéia principal é a de totalidade. Também a palavra figura tem como objeção o fato de induzir a pensar num campo muito limitado, enquanto que a palavra forma é o sinônimo que mais se assemelha ou ajusta à palavra alemã *gestalt* e expressaria seu significado como "a experiência tal e como se dá ao observador de um modo direto" (KÖHLER; KOFFKA; SANDER, 1969).

As pesquisas feitas pelos primeiros gestaltistas alemães sobre os fenômenos da percepção permitiram a Wertheimer formular a Teoria da gestalt. Este psicólogo tratou de demonstrar o caráter global da percepção exatamente como se dava na natureza e nos seres humanos. Wertheimer (1925) foi o primeiro a fazer uma tentativa de sistematizar e fazer a síntese da percepção através da psicologia organísmica; entretanto, ainda estava longe da síntese que finalmente foi feita por Perls ao unir definitivamente a percepção com as sensações, os sentimentos e as emoções. Esta divisão entre o interno e o externo, entre o físico e o psíquico, vinha se arrastando desde a época dos atomistas da Idade Média.

A Psicologia da gestalt desenvolveu dois conceitos fundamentais, a saber:

- Que a percepção está organizada.
- Que a organização tende a ser tão boa quanto o permitem as situações-estímulo.

A respeito do primeiro ponto, há no indivíduo uma tendência a organizar qualquer campo visual em totalidades ou figuras globais e a não perceber os elementos isolados uns dos ouros. A Teoria da gestalt tem alguns estudos feitos com traços de escrita (pontos, círculos ou riscos) para demonstrar isto de forma simplificada. Nestes estudos pode-se ver que, ao serem apresentados aos sujeitos, estes tendem espontaneamente a juntá-los em unidades com um sentido e uma ordem. E se esta organização é dominante, então resiste-se à modificação. Ver a figura 1.1.

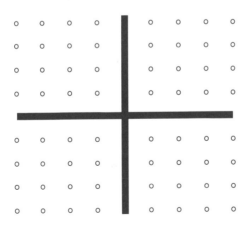

Figura 1.1 – A percepção aparece organizada

Quanto ao segundo ponto, nós o veremos a seguir nos pressupostos básicos, já que está relacionado com a lei da boa forma.

Pressupostos básicos da Teoria da gestalt

A Teoria da gestalt ocupa-se com fatos que ocorrem dentro de um campo fundamentalmente visual. Este se estrutura na medida em que existem nele diferenças de intensidade ou qualitativas. Por exemplo, uma parede lisa não é um campo, pois não há nela elementos que se estruturem, nem existem diferenças dentro de sua superfície. Qualquer campo para ser considerado como tal deve apresentar em sua composição diferenças que permitam obter figuras com certo sentido.

Segundo Wertheimer, a teoria da percepção deveria ser uma teoria de campo, porque, para ele, os fatos e os fenômenos estão localizados num meio contínuo, e são fatos perceptuais que ocorrem nesse meio contínuo e influem sobre os que têm lugar em outras regiões ou campos próximos, na medida em que as propriedades de ambos se acham mutuamente relacionadas, isto é, tudo influi sobre tudo em função da proximidade dos campos e dos elementos.

Na Teoria da gestalt, há muitas observações que provam que o conceito de campo deve ser colocado no próprio centro da teoria da percepção. Inclusive alguns pesquisadores vão mais longe ao afirmar que deveria chamar-se teoria do campo em vez de teoria da forma. E isto é facilmente comprovável e demonstrável, uma vez que, se o problema da percepção espacial (fenômenos visuais) é de importância primordial, e o comportamento organizado tem lugar num campo espacial organizado (ou campo visual), a compreensão de como se organiza o campo é uma tarefa fundamental para a gestalt[1].

Os fenômenos ocorrem dentro de um campo, e estes fenômenos não se dão como algo isolado – uns elementos não estão isolados dos

---

1. Para ampliar o tema da teoria do campo, cf. LEWIN, K. (1988). *La teoría del campo en la ciencia social*. Barcelona: Paidós.

outros –, mas estão em função da organização desse campo. Imaginemos que o corpo é um campo. Pois bem, todos os fenômenos que se dão nele não se dão isolados, mas estão em função das características e do estado geral dessa pessoa, e o conhecimento dos elementos separadamente não nos permite deduzir o sistema no qual se encontram. Portanto, a esse campo chamado pessoa não podemos conhecer através de seus elementos, mas como uma totalidade. O que podemos ver é como se organiza este campo: os processos psicológicos que se produzem dentro dele tendem a chegar a um estado tão bom quanto o permitem as condições prevalecentes nesse campo. Esta é uma lei enunciada por Köhler (1969) e é conhecida como a lei da pregnância.

Quais são as forças que operam dentro do campo visual? Köhler enuncia em 1940 a lei da proximidade, cujo significado poderia ser definido da seguinte maneira: "Quanto mais próximos estão no espaço ou no tempo processos semelhantes, tanto maior é a tendência coesiva entre eles" (KÖHLER, 1969). Daí se deduz que a força coesiva entre os processos varia de acordo com leis quase quantitativas. Leis que passamos a descrever:

a) Quanto maior é a semelhança qualitativa entre processos que se dão num campo visual, tanto maior é a força coesiva entre eles. Por exemplo, se temos num painel lâmpadas de diversas cores acesas, a força coesiva das lâmpadas que têm a mesma cor será superior à que podem ter com as outras de cores diferentes.

b) Quanto maior é a semelhança intensiva entre processos, tanto maior é a força coesiva entre eles. Por exemplo, aqui a força coesiva dependeria da intensidade das lâmpadas.

c) Quanto menor é a distância entre processos semelhantes, tanto maior é a força coesiva entre eles. Aqui, como vemos, é a distância relacionada com a proximidade das luzes que cria coesão.

d) Quanto menor é o intervalo de tempo entre processos semelhantes, tanto maior é a força coesiva entre eles. Por exemplo, se acendemos sucessivamente por um pequeno espaço de tempo luzes separadas entre si, elas tendem a aparecer como unidas num processo, como se estivessem em movimento. Se o tempo entre o acender uma luz e outra é longo ou desigual, o fenômeno desaparece.

Estas leis estão mais bem exemplificadas no fenômeno "phi", também chamado fenômeno da percepção do movimento aparente. Será Wertheimer (1945) o primeiro a descrever o fenômeno "phi" da seguinte maneira: "Quando dois estímulos ocorrem em rápida sucessão e a certa distância entre si, tendem a aparecer como um só objeto visual em movimento, produzindo-se e deslocando-se este movimento do lugar do primeiro estímulo para o do segundo". Esta sensação ou efeito de movimento também se conhece com o nome de efeito estroboscópico, fenômeno no qual se baseiam os desenhos animados do cinema e que dão a sensação de estar em movimento.

Este fenômeno do *movimento aparente* ou *estroboscópico* depende fundamentalmente do intervalo de tempo que transcorre entre o primeiro e o segundo estímulo ou fogacho, que costuma oscilar entre 55 e 65 milissegundos, caso se queira conseguir um bom movimento aparente. O fenômeno não acontece se tentarmos analisar as partes de que se compõe, o que demonstra que o fenômeno da percepção tem um caráter de totalidade.

A aplicação mais precisa desta teoria geral gestáltica, ou fenômeno "phi" da percepção, já aparecia nos estudos de Brown e Voth e se referia a este efeito de movimento aparente. Em resumo, vemos como o intervalo de tempo entre um estímulo e outro, o tempo de exposição, a diferença de intensidade e a distância adequada podem provocar uma sensação de movimento aparente. Os que se dedicam aos desenhos animados sabem que para reduzir os movimentos bruscos nos filmes animados devem estabelecer diferenças bem ligeiras entre os desenhos sucessivos, isto é, diminuir o intervalo de tempo entre fogachos alternantes, para que o movimento aparente seja melhor e mais real. Quando queremos estudar este fenômeno isolando os diferentes elementos que o compõem, se separamos os diferentes fogachos para ver se há diferenças de intensidade entre eles, ou medimos como estão colocados uns ao lado de outros, ou qualquer outro estudo que queremos fazer com os diferentes componentes desse fenômeno, o que conseguimos é destruí-lo, devido a característica de totalidade da percepção. Acontece o mesmo ao isolar um sentimento ou emoção de seu contexto, separando seus elementos para estudá-los. Portanto, não são os elementos que devem ser estudados, mas a disposição desses elementos: é o "como" e não o "por quê".

Koffka chega à conclusão de que as forças coesivas que mantêm unidos os elementos que formam essa totalidade tenderão para a regularidade, a simetria e a simplicidade; daí a lei da pregnância, segundo a qual: "A organização psicológica será tão boa quanto o permitam as condições existentes" (KOFFKA, 1973). Portanto, a organização de um campo não é arbitrária, nem casual, mas tende para um estado ideal de ordem e simplicidade, existindo um mínimo de tensão e instabilidade e um máximo de harmonia e estabilidade internas. Esta mesma tendência existe no organismo que tende a estruturar-se e realizar-se utilizando um mínimo de tensão e instabilidade e um máximo de harmonia, estruturando-se sempre tão bem quanto o permitem as situações-estímulo – quer dizer, tão bem quanto o permitem as condições e os estímulos internos e externos. Quando as condições internas ou externas são altamente negativas, como sucede no caso da psicose, a organização também é muito negativa, mas apesar de tudo a pessoa tende a reorganizar-se da melhor maneira possível, dadas todas as condições existentes.

A lei da boa forma ou *da pregnância* pode ser desglosada, por sua vez, em *lei do movimento* e *lei do equilíbrio*.

Como lei do movimento, a boa forma sugere uma direção na organização psicológica que tende para uma boa configuração. Como lei do equilíbrio, funciona segundo princípios de física de máxima e mínima. Segundo estes princípios, quando a organização se move para um mínimo (de tensão) caracteriza-se pela simplicidade da uniformidade, e quando se move para um máximo (de harmonia) caracteriza-se pela simplicidade da perfeita inter-relação ou articulação de seus elementos.

Assim, pois, toda organização psicológica tende a mover-se para um estado de pregnância, para uma boa configuração ou gestalt. Tomemos um exemplo em nível físico: *Toda excitação tende a dirigir-se ou a tratar de converter-se, se é suficientemente forte e o permitem as condições existentes, numa necessidade clara, precisa e com sentido.*

À lei da boa forma acrescentam-se subleis que regem o agrupamento. Estas são:

• *Lei da semelhança ou igualdade*: com esta lei demonstra-se que os pares de estímulos semelhantes são aprendidos mais rapidamente do que os pares desiguais. Esta lei se dá na associação por semelhança, e quanto maior é esta entre os objetos de um campo visual, mais e melhor se organizam em percepções unificadas[2].

• *Lei da proximidade*: as partes de um fenômeno ou fenômenos próximos tendem a juntar-se e a formar uma só gestalt, e é quase impossível vê-las isoladas ou romper as unidades baseadas na proximidade. As partes ou fenômenos próximos tendem à unificação. Isto se chama associação por contiguidade. Nesta, a percepção tende a visualizar os fenômenos que estão próximos ou a senti-los como um. Ver a figura 1.2.

Figura 1.2 – Lei da proximidade

• *Lei do fechamento*: as áreas fechadas são mais estáveis do que as abertas, que tendem a esfumar-se ou a mesclar seus elementos com outros próximos. O fechamento elimina a possibilidade de agrupar partes próximas de figuras separadas. Podemos transfe-

---

2. O exemplo da cruz rodeada de agrupamentos de círculos da figura 1.1. pode ilustrar esta lei.

rir este fato ao comportamento humano, onde as pessoas mais introvertidas ou "fechadas" são mais estáveis face às mudanças ou às influências do mundo que os rodeia. Enquanto que as pessoas extrovertidas tendem a misturar-se mais com as outras pessoas, são mais mutantes e mais influenciáveis pelo meio e seu entorno. Ver a figura 1.3.

Figura 1.3 – Lei do fechamento

Em relação a este ponto seria interessante fazer um estudo rigoroso baseado em ambos os gêneros. Neste sentido, se for confirmada a ideia de que a mulher é mais extrovertida do que o homem, também se poderia dizer que estaria mais disposta a aceitar melhor as mudanças que se operam. No caso da moda, é evidente que a mulher está mais disposta do que o homem a mudar mais frequentemente.

• *Lei da boa continuidade*: o fechamento e a continuidade são aspectos da organização articulada. Toda organização com um bom fechamento – como o desenho do exemplo mais abaixo – tende a ver-se com sentido (não com as linhas que estão mais próximas, como diz o princípio da proximidade, mas com as que formam um fechamento). A organização aplica-se à percepção e à aprendizagem.

Opõe-se ao princípio de proximidade ou vizinhança, pois favorece o agrupamento de linhas menos próximas, mas que se complementam dando uma sensação de fechamento. Ver a figura 1.4.

Figura 1.4 – Lei da boa continuidade

• *Lei do contraste*: Seu enunciado é que, sendo iguais os demais fatores, quanto maior for o contraste entre os elementos da figura e os de fundo (seja brilho, cor ou forma), tanto mais facilmente se formarão figuras. Podemos observar isto em fotografias ou quadros.

Princípios que regem a organização dos elementos no campo gestáltico

São oito os princípios que regem a organização dos elementos que se encontram num campo gestáltico.

a) *Princípio da proximidade*, pelo qual os indivíduos tendem a perceber os elementos juntos no espaço e no tempo.

b) *Princípio da semelhança*, pelo qual os elementos parecidos tendem a ser vistos como partes da mesma estrutura. Esses dois princípios se baseiam nas duas leis anteriormente enunciadas e explicadas.

c) *Princípio da direção*, pelo qual tendemos a ver as figuras numa direção contínua e fluida.

d) *Princípio da disposição objetiva*, pelo qual tendemos a continuar vendo uma organização como estável, mesmo depois de terem desaparecido os fatores-estímulo.

e) *Princípio dos limites comuns*, pelo qual tendemos a diminuir as diferenças que existem entre os elementos que estão um junto ao outro.

f) *Princípio do agrupamento em função de uma relação causa-efeito*, pelo qual agrupamos os elementos de um campo em função de sua causa-efeito.

g) *Princípio da experiência passada ou costume*, pelo qual tendemos a juntar os elementos conhecidos e que fizeram parte de experiências anteriores. Este princípio acontece muito no que chamamos preconceitos ou prejulgamentos acerca dos negros, dos judeus, dos ciganos, etc.

h) *Princípio da preparação ou expectativa*, pelo qual organizamos o campo em função de nossas expectativas.

E, por último, veremos um postulado da Teoria da gestalt que poderia expressar-se assim:

As organizações existentes num campo tendem a opor resistência à sua modificação.

Um exemplo simples deste fato pode-se ver na figura a seguir. Quando percebemos uma figura que se destaca sobre um fundo, é difícil modificar esta percepção por outra, embora esteja presente na totalidade. É o que ocorre nesta figura, a chamada taça de Rubi, que tem a ver com a percepção de figuras ambíguas. Ver a figura 1.5.

Figura 1.5 – A taça de Rubi ou figuras ambíguas

Nesta ou em qualquer outra figura ambígua, uma vez que se vê uma das figuras – seja a taça ou as faces – é difícil ver a outra. Só quando se sabe que as duas estão dentro do círculo pode-se passar a ver uma ou outra figura, alternadamente, visto que também não se pode ver as duas de uma vez.

2 Psicoterapia gestáltica

Os princípios da formação gestáltica (lei da proximidade, da pregnância, da semelhança, etc.), num total de oito, como assinalávamos antes, não foram aplicados pelos psicólogos da gestalt, de princípios do século XX, às percepções procedentes do organismo, como os sentimentos, as emoções e outras sensações orgânicas. Consequentemente, nem a percepção nem a motivação puderam ser integradas, o que deixou empobrecida a gestalt no campo da personalidade. Ao restringir-se à percepção visual e auditiva, com exclusão do resto dos sentidos, estes psicólogos perderam a oportunidade de chegar à ideia de que a percepção pode estar em função da motivação e das necessidades do momento, o que teria enriquecido notavelmente a Psicologia da gestalt naquele período.

O que impediu esses primeiros psicólogos da gestalt a integrar percepção e motivação? Achamos que, talvez, naquela época, a Teoria da gestalt tenha sido bastante revolucionária da maneira como apareceu, levando em conta a forma de conceber as ciências naquele momento. Já era suficiente a proposta desta nova concepção totalmente integradora dos processos cognitivos, inclusive para levá-la ao terreno da personalidade e da concepção do ser humano que dela deriva.

Naquela época, Freud concebia o ser humano como predeterminado por seus impulsos de vida e de morte, e suas teorias partiam do estudo dos elementos para inferir a totalidade. Ele utilizava o método indutivo, que procurava dar sentido à totalidade, partindo dos elementos que compunham essa totalidade. Mas, como vimos, a generalização e o método indutivo tendem a mostrar-nos uma realidade enganosa, pelo menos em determinados momentos e situações. E inferir a totalidade a partir do estudo das partes é obstar as conexões e a ubiquação dos elementos ou partes que a compõem.

Foi Fritz Perls que introduziu o conceito de motivação na percepção da Teoria da gestalt, dando lugar à *psicoterapia gestáltica*.

A partir desse momento podemos dizer que a gestalt deixou de ser uma teoria ou psicologia da percepção para transformar-se numa terapia – e posteriormente num estilo ou filosofia de vida – dando uma nova visão integrada do corpo e da psique: ambos deixavam de ser considerados como dois entes separados e sem nenhuma relação – herança da época escolástica.

A introdução da motivação convertia a gestalt numa terapia onde o ser humano era visto e tratado como uma totalidade e unidade. O indivíduo deixava de ser considerado um ente dissociado e dividido, no qual os conteúdos de consciência eram analisados por um lado, e as expressões físicas e corporais por outro.

A partir deste momento, o físico e o psíquico são considerados dentro desta teoria como algo tão intimamente inter-relacionado que um sem o outro deixa mutilada a totalidade.

Perls foi o primeiro a fazer uma tentativa séria e profunda de integrar estes dois conceitos – corpo e psique – que durante tanto tempo foram estudados e tratados separadamente. Não se pode falar de psiquismo sem que se inclua o físico, porque um contém o outro sem possibilidade de separação. E ainda que existissem naquela época alguns antecedentes, em Wilhelm Reich, de fazer notar a importância do organismo, é a partir de Perls, quando nasce um dos enfoques terapêuticos – a terapia gestáltica –, onde conceitos como o organísmico incluem tudo: o físico, o mental, o emocional e, inclusive, o espiritual. E este centrar-se no mundo organísmico, como base de todas as funções e de tudo que é o ser humano, fez com que a terapia gestáltica seja uma das terapias que se estendeu por todo o mundo com mais rapidez, desde os anos 1970.

Em princípios do século XX, as teorias psicológicas e as ciências em geral baseavam-se na ideia de que o conhecimento se forma a partir do estudo das diferentes partes de que se compõe um todo. Wertheimer, em 1912, chega à descoberta do fenômeno "phi" ou fenômeno do movimento aparente e enuncia oficialmente a Psicologia da gestalt, ao assinalar que todo fenômeno natural é uma totalidade e não uma soma, adição ou multiplicação de suas partes.

Esta totalidade é estruturada como uma configuração ou forma chamada por ele gestalt. Daí deriva uma das grandes contribuições deste autor à teoria da gestalt e à psicologia em geral.

Portanto, querer compreender o todo a partir das partes ou elementos que o formam nos levará a conclusões falsas, pois suporia ignorar as inter-relações entre as partes que formam o todo. Desta maneira é impossível compreender a totalidade de uma estrutura se partirmos da análise dos elementos ou partes que a conformam, já que as características das partes permanecem definidas por suas relações entre si e por suas relações com o sistema do qual fazem parte, e o estudo separado destas partes destrói o fenômeno observado. Por isso o fundamental para o pesquisador não consiste em criar nada novo (pois tudo já existe na natureza), mas em captar a ordem, o significado e como se distribuem os elementos que existem no mundo e no indivíduo. A manipulação de um elemento influi na totalidade. Nada fica indiferente a qualquer mudança, por insignificante que pareça.

Como vimos no fenômeno "phi", todo estudo realizado através das partes que compõem o todo, e o querer inferir a totalidade a partir do estudo dessas partes, leva-nos a conclusões falsas, porque esquecemos que as inter-relações entre as partes não podem ser omitidas nem esquecidas, pois são mais uma parte dessa totalidade que estudamos.

A Psicologia da gestalt vê a necessidade de observar a percepção e a experiência imediata, para não distorcer a realidade do fenômeno observado. Este é o princípio básico da fenomenologia. E isto se deve ao fato de que a percepção não se realiza através de cada um dos elementos que configuram a totalidade, mas através do todo, vertebrado como uma unidade indivisível e inter-relacionada.

Esta ideia fundamental e básica na Teoria da gestalt é retomada posteriormente por Perls (1974) e expressa na seguinte frase: "É a organização de fatos, percepções e comportamentos que os define e que lhes dá seu significado específico e particular". Esta lei se baseia no fato real de que o ser humano não percebe as coisas como entidades isoladas e sem nenhuma relação, mas principalmente as organiza mediante o processo perceptivo em totalidades como algo natural e inerente à natureza humana. Ver a figura 2.1.

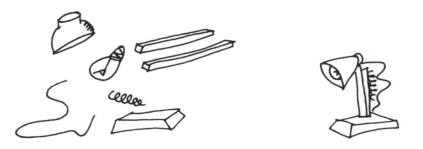

Figura 2.1 – Desorganização e organização

Nós humanos temos a tendência de organizar, de forma inconsciente e natural, qualquer campo visual, obtendo assim as melhores formas que, cada um é capaz de perceber num determinado momento, já que nestas percepções, como dissemos anteriormente, influi toda uma série de motivações internas e externas.

Os gestaltistas Wertheimer e Köhler, e os demais psicólogos da gestalt de princípios do século XX, diferenciam-se dos posteriores psicólogos e psicoterapeutas gestálticos, pois estes últimos acrescentam à percepção todo o conjunto de sensações, emoções, sentimentos e motivações que se produzem no organismo em sua relação e intercâmbio com o ambiente. A relação e mútua influência derivam das necessidades do indivíduo e das características do ambiente. A percepção é modulada pela motivação, em cuja base encontram-se as necessidades.

Psicoterapia organísmica

Para a gestalt, o organismo é considerado como uma unidade numa contínua inter-relação com o ambiente. Portanto, organismo e ambiente são dois campos considerados em total inter-relação, condicionando-se mutuamente, e todo comportamento, tanto normal como patológico, é interpretado como a expressão, ou melhor, como uma forma de expressão, das diferentes maneiras de o organismo funcionar e reagir em totalidade.

O comportamento patológico ou "normal" depende da capacidade do organismo de satisfazer suas necessidades, sem opor-se de uma forma radical e violenta às demandas do mundo externo. O organismo ajusta-se da melhor maneira possível a essas demandas, e aqui se aplica a lei da boa forma: "A percepção ou adaptação é tão boa quanto o permitem as situações-estímulo".

A enfermidade não é uma simples modificação da estrutura ou do funcionamento do organismo. A sensação que a pessoa enferma experimenta produz em seu organismo um estado de desordem que a impede de realizar adequadamente as possibilidades e capacidades próprias de sua natureza. Quando as situações-estímulo são criadoras de angústia, aparece um estado caótico que se expressa através de um comportamento às vezes bizarro, com múltiplos e variados sintomas, entre os quais se destaca a ansiedade que é vivida como uma sensação de perigo e destruição iminentes. Este perigo não é sempre, nem necessariamente, real, e pode corresponder a uma fantasia catastrófica de aniquilamento ou de incapacidade de realizar-se segundo a própria natureza da pessoa. Isto a leva a agir de maneira desordenada e a empregar todos aqueles mecanismos que é capaz de utilizar para evitar esses estímulos negativos que a colocam em perigo. Veremos posteriormente os diversos mecanismos utilizados pelo ser humano para evitar ou eludir a angústia que coloca em perigo sua integridade.

Fantasias catastróficas de aniquilamento costumam ser muito poderosas, e exercem uma maior influência na pessoa durante os primeiros anos de vida.

O que é uma gestalt e sua formação

Na pessoa operam-se continuamente fenômenos de formação e eliminação de gestalts. Escolhemos um exemplo simples para explicar melhor este processo: imaginemos uma pessoa que se encontra lendo um livro e, de repente, sente qualquer tipo de necessidade biológica (sede, fome ou frio). À medida que esta necessidade vai se configurando e tomando forma no campo das sensações da pessoa, o que a princípio era atenção e concentração no que estava lendo – constituindo-se como forma, como foi o caso do livro – passa a converter-se em fundo, e a necessidade que vai se tornando mais imperiosa passa a converter-se em forma. Se a pessoa satisfaz sua necessidade, seja bebendo no caso de sentir sede, comendo no caso de estar com fome ou agasalhando-se no caso de sentir frio, uma vez satisfeita, seu interesse se volta ao livro, que passa novamente a ser a forma, e tudo o mais constituirá o fundo. Isto é, o que era forma passa a ser fundo e vice-versa.

Se depois de um longo momento de leitura esta pessoa torna a sentir uma nova necessidade, como o cansaço ou o sono, esse cansaço passará a um primeiro plano, convertendo-se em forma, e o livro passará a fazer parte do fundo, ao desaparecer o interesse por ele. É assim que vão se produzindo e eliminando sucessivamente as gestalts que se definem como: "A configuração ou forma particular em que se organizam as partes individuais em que se constitui a dita forma ou configuração" (PERLS, 1974). Podemos também defini-la como aquela forma que sobressai nítida e claramente num campo determinado. O resto desse campo, que se encontra mais esfumado e distante de nossa consciência, é o que chamamos fundo, e é a parte do campo sobre a qual sobressai a figura.

Estes exemplos acima citados mostram-nos como aparecem as gestalts à medida que surge a excitação no organismo. Elas vão se configurando em necessidades, e quando estas desaparecem ao serem satisfeitas, dão passagem a outras novas.

Mais adiante veremos o que acontece quando as necessidades não são satisfeitas, seja por repressão ou por outros motivos, e sua repercussão na pessoa.

Vejamos a seguir algumas das características mais importantes da figura e do fundo.

Em toda superfície ou campo perceptual, o mais importante é aquilo que sobressai; a isto chamamos *figura*, e naturalmente tem uma forma definida, enquanto que o *fundo* é algo indefinido e sua principal função é servir de base à forma. Em certa medida o fundo não tem forma. É algo difuso e indefinido que se perde em função de sua finalidade de servir de base à figura. Não obstante, à medida que o fundo vai se transformando em forma, enriquece-se com a mudança, em detrimento do que anteriormente era forma. Este simples processo pode ser observado no desenho da taça e das caras, ou em qualquer outro exemplo de figuras ambíguas.

Para estabelecer a diferença entre a figura e o fundo deve-se considerar o contorno, isto é, o que se conhece pelo nome de *limite comum de dois campos*. Para explicar esse limite, lançaremos mão do princípio que diz: "Quando dois campos têm um limite comum e um é visto como figura e o outro como fundo, a sensação que se experimenta caracteriza-se por um efeito conformador que emerge do limite comum dos dois campos e que atua num só deles, ou com mais intensidade em um" (KOFFKA, 1973). Este limite conformador afeta mais a figura do que o fundo, tornando-se mais visível e preciso na parte que corresponde à forma. Se voltarmos nosso olhar de novo para a figura da taça e das caras, podemos observar este fato. O limite conformador percebe-se mais na figura do que no fundo.

Uma das principais características que faz a figura dominar no campo da consciência deve-se ao fato de que os sentimentos estão ligados à figura e não ao fundo. De alguma maneira a figura chega a emergir precisamente pressionada por estes sentimentos, emoções e necessidades. Ela emerge pressionada por uma carência ou uma pressão.

No teste projetivo de Rorscharch, algumas pessoas veem como formas (ou figuras) superfícies que a maioria vê como fundo. Podemos observar os exemplos mais claros disto nos espaços em branco. Para a maioria das pessoas os espaços em branco são percebidos como fundo, enquanto que para uns poucos (10% aproximadamente) estas superfícies são vistas como formas. Este tipo de percepção está estreitamente relacionado com determinados tipos de personalidades (agressivas, obsessivas e algumas paranoides). Este fato, e especialmente os testes projetivos, serve-nos de exemplo para ver como a personalidade influi na forma de perceber a realidade.

A principal função do terapeuta gestaltista consiste em ver de que maneira o indivíduo interrompe este processo de formação e eliminação de gestalts. *O que é que está evitando e o que é que espera – o que sente, o que quer – com seu comportamento evitativo-fóbico.*

Do ponto de vista gestáltico, a pessoa integrada é aquela em que este processo contínuo de formação e eliminação de gestalts sucede de forma continuada e sem interrupções, pois as necessidades foram satisfeitas de forma adequada e substituídas por outras num processo contínuo, que é como a vida se expressa e alcança seu sentido: em última análise, é um processo evolutivo em contínua mudança e sucessão de gestalts. Quando este processo ocorre de forma ininterrupta, a pessoa não fica embaraçada ou enganchada, e pode passar a situações novas sem ir arrastando assuntos pendentes que lhe subtraem somas de energia em sua vida e sua atividade, paralisando-a em situações conflitivas. Quando a pessoa fica enviscada em alguma situação, seja por repressão, inibição ou qualquer outra circunstância, e interrompe seu processo, aparecem desajustes e desordens em sua personalidade, pois fica impedido seu processo de crescimento e maturação.

Homeóstase

A homeóstase é um mecanismo fisiológico de autorregulação do organismo. É um conceito que procede da medicina. É o processo mediante o qual o organismo faz intercâmbios com o ambiente para manter seu equilíbrio tanto físico como psíquico e social. Ver a figura 2.2.

Figura 2.2 – Homeóstase

Quando este intercâmbio entre organismo e ambiente se interrompe, aparece o desequilíbrio. Ambiente e pessoa são dois campos em estreita inter-relação, nos quais um contém elementos do outro e vice-versa, por isso nenhum dos dois pode ser concebido separadamente. A pessoa necessita do ambiente para sua subsistência e o mesmo acontece com o ambiente, pois este, por sua vez, também necessita de intercâmbios com os demais.

A homeóstase é um mecanismo natural que existe tanto no ser humano como nos outros animais, e sua alteração produz doenças e desajustes na pessoa.

Ambiente

Falávamos anteriormente da formação e eliminação de gestalts. Pois bem, este fato nos leva diretamente ao conceito de *ambiente*.

Entendemos por ambiente não só o espaço físico que nos rodeia, mas as pessoas e grupos de que fazemos parte: amigos, família, grupos de trabalho, grupos sociais, nacionais e inclusive supranacionais.

Para satisfazer as necessidades de uma pessoa, necessidades que surgem do mais primário de sua estrutura fisiológica e psicológica[3], e, portanto, para viver, é necessário que este intercâmbio com o ambiente se mantenha sem interrupções, ou pelo menos sem aquelas interrupções que colocam em perigo sua própria vida. É do ambiente que a pessoa extrai os elementos necessários para satisfazer suas necessidades (necessidade de alimentos, de contato, de afeto, etc.) e, portanto, para sua sobrevivência.

Podemos distinguir claramente dois tipos de necessidades: por um lado, *as necessidades fisiológicas*, destinadas a repor aqueles elementos necessários ao funcionamento do organismo (comer, beber, manter uma temperatura adequada, etc. ou a expulsar aqueles elementos que são nocivos (urinar, defecar, suar, etc.) e, por outro, as necessidades *psicológicas* destinadas a manter o equilíbrio no plano afetivo e emocional, tais como a necessidade de afeto, comunicação ou contato. Um indivíduo não pode passar muito tempo sem satisfazê-las, se não quiser pôr em perigo sua vida. Ver a figura 2.3.

---

[3]. Não devemos confundi-las com as pseudonecessidades que foram criando o indivíduo a partir do exterior, pois então se converteria numa filosofia hedonista, em vez de uma psicoterapia que tende à integração e ao bom funcionamento de acordo com o mais profundo e inato de cada pessoa.

Necessidades fisiológicas

Necessidades psicológicas: contato, apoio

Figura 2.3 – Necessidades fisiológicas e psicológicas. Comer, contato, apoio.

Nenhum ser humano pode nutrir-se de si mesmo. Precisa respirar, absorver alimentos, manter contato com o ambiente e com os outros seres humanos, dar e receber afeto, descansar, amar e ser amado, etc. Alguns destes intercâmbios são tão necessários e imprescindíveis que sua interrupção prolongada nos levaria à morte. Um caso evidente dentro da patologia, onde a função mais primária, como é a nutrição, se vê prejudicada e pode colocar em perigo a vida do paciente, é o dos transtornos alimentares, como a anorexia e a bulimia. Nesses distúrbios a função de alimentar-se encontra-se gravemente afetada e a pessoa recusa todo tipo de alimentação, podendo chegar à morte. Nesta doença encontra-se envolvido todo o organismo em seus aspectos físicos e psíquicos.

Emoção

Como já dissemos antes, o intercâmbio do organismo com o ambiente é imprescindível para a sobrevivência da pessoa.

A excitação que surge no organismo como consequência da falta de alguma coisa ou diante da necessidade de expulsar alguma coisa, é o dispositivo que impulsiona a pessoa em busca daquilo que pode satisfazê-la. Esta excitação aparece inicialmente como algo difuso, sem concretizar-se em nada evidente. Há apenas uma ligeira inquietação na pessoa que, muitas vezes, e sobretudo no começo, passa despercebida. À medida que esta excitação vai aumentando, seja pela falta de um alimento ou de qualquer necessidade que surja do organismo, a excitação vai se concretizando e tornando-se mais específica, até fazer-se compreensível; nesse momento podemos dizer que sentimos uma emoção que poderíamos classificar por falta ou carência. Isto é, à medida que a excitação vai tomando forma, a pessoa vai tomando consciência do que está acontecendo em seu organismo e, enfim, do que necessita. Toma consciência de sua necessidade. Ver a figura 2.4.

Figura 2.4 – Excitação

Esta excitação primitiva ou catexe[4] pode ser sentida como algo positivo ou negativo. A excitação é vivida como algo positivo quando o organismo trata de conseguir algo, isto é, quando se dirige para o objeto que aplacará essa necessidade, porque existe uma carência que o impulsiona para sua satisfação e que lhe é necessária para manter o equilíbrio. Ou, pelo contrário, quando a excitação ou catexe é negativa, então a pessoa trata de afastar-se dela ou destruí-la. Concebe-se, pois, a excitação ou catexe como positiva ou negativa em função da proximidade ou distância que surge da parte da pessoa para conseguir ou evitar o objeto.

A excitação está sempre em nós; o que acontece é que algumas vezes procede das carências internas e outras vezes de nossas relações ou contatos com o ambiente. Em qualquer caso, faz parte da vida e está à base da existência.

Só nos damos conta da excitação quando ela excede os limites de intensidade. Os contatos com o ambiente podem ser satisfatórios e criadores de prazer ou, pelo contrário, podem criar-nos situações geradoras de angústia. Quando estas situações se repetem, a pessoa pode aprender um tipo de comportamento evitativo ou de fuga, dando lugar ao que chamamos comportamentos fóbicos, que têm como finalidade evitar a angústia que se geraria ao colocar-nos de novo nessas situações. Este tipo de fobia pode chegar a condicionar tanto o comportamento de uma pessoa que a mantenha isolada do mundo externo. Em resumo, a emoção é a forma que a excitação vai tomando à medida que vai se concretizando e especificando. Ver a figura 2.5.

---

4. Termo cunhado por Freud e que designa aquela energia que busca carregar ou descarregar, fundamentalmente, objetos importantes para o psiquismo, que podem ser pessoas, valores, atitudes.

Figura 2.5 – A emoção

Ação

Por sua vez, a emoção se transforma em ações, e estas em comportamentos de aproximação ou afastamento. A finalidade destes comportamentos é a satisfação de necessidades ou a consumação de gestalts que restabelecerão o equilíbrio perdido pelo organismo como consequência da falta de algo. Ver a figura 2.6.

Figura 2.6 – Ação

Este percurso é que caracteriza o processo da vida. Posteriormente todo este processo, conhecido como *ciclo gestáltico* ou *ciclo das necessidades*, será descrito por diferentes autores gestálticos (Joseph Zinker, Miche Katzeff) de forma mais minuciosa e completa. A importância de seguir este percurso para satisfazer uma necessidade é primordial, porque toda interrupção do mesmo desencadeia alterações que colocam em perigo o equilíbrio do organismo.

Embora a vida pareça reduzida a este breve esquema, tudo isto é um complexo, variado e dinâmico processo, fundamento de uma vida sadia e criativa, que não deve ser interrompido, sob pena de ver-se envolvido em processos enfermiços ou degenerativos a todos os níveis. Isto se deve a que o organismo, ao ser uma gestalt – um campo bio-psico-social –, funciona como uma totalidade, e uma alteração em qualquer um de seus níveis reflete no todo e em cada uma dessas partes que o formam.

O esquema da pessoa ou a gestalt-pessoa

O esquema da pessoa é a representação psicológica e mental que, cada pessoa tem de si mesma, e que resulta do processo constante de organização e inter-relação de cada um dos três campos fenomenológicos que configuram a pessoa: o campo psicológico que corresponde à representação da psique; o campo que corresponde à representação psicológica do corpo ou esquema corporal; e a representação psicológica do mundo exterior. Ver a figura 2.7.

Estes três campos são coexistentes, cooperantes, condicionantes e interatuantes e, portanto, não podem ser concebidos separadamente e formam por sua vez uma totalidade. Os três se organizam numa estrutura psicológica que apresenta um máximo de harmonia e estabilidade interna, e um mínimo de tensão e ansiedade: máximo e mínimo que estão em função das condições-estímulo, tanto internas como externas.

Figura 2.7 – A gestalt e sua formação

Qualquer detenção em um destes três campos interfere na evolução da gestalt-pessoa e nos outros dois campos. Uma personalidade sadia, flexível e coerente só se realiza quando estes três campos psicológico, social e corporal funcionam de forma harmoniosa e mais ou menos paralelamente. Seja como for, devemos levar em conta que a evolução simultânea dos três campos não se dá sempre de forma totalmente paralela. Existem etapas e épocas na vida dos seres humanos em que predomina um maior desenvolvimento do psicológico, do corporal ou do social. Por exemplo, na etapa escolar – quando se entra na escola e nos anos seguintes – predomina um maior desenvolvimento do social. Há uma socialização da criança e uma entrada no mundo de relação alheio à família, onde é preciso submeter-se a uma série de normas alheias à criança até este momento. Na adolescência há um predomínio no desenvolvimento do corporal.

O psíquico e o social vão à zaga em relação com o desenvolvimento físico e corporal, que assusta e cria confusão no adolescente por não se encontrar preparado para este rápido desenvolvimento. E, finalmente, no período adulto predomina o desenvolvimento do psicológico, enquanto o corporal e o social prosseguem numa evolução mais lenta em comparação com o psicológico. Isto se deve ao fato de que o corporal e o social tiveram seus respectivos períodos de maior crescimento.

Fundamentos da psicoterapia gestáltica

Há uma série de premissas que caracterizam a forma de atuar da psicoterapia gestáltica.

A PRIMEIRA e fundamental é que o principal e mais importante não são os pedaços ou peças que formam a teoria, mas antes o modo como são organizadas e usadas estas peças, o que dá singularidade a esta teoria, pois alguns dos elementos que se encontram nesta terapia podem encontrar-se em outros enfoques psicológicos. O mesmo acontece com a análise do comportamento: não trata de ver os *por quês*, mas os *como*. Só quando o indivíduo se dá conta do que faz e de como o faz está capacitado para mudar seu comportamento. Os porquês correm o grande risco de tirar-nos a responsabilidade por nosso comportamento e, portanto, manter-nos mais fixos a ele.

Perls (1974) definiu esta premissa do seguinte modo: "É a organização de fatos, percepções, comportamentos e fenômenos, e não os elementos individuais dos quais se compõem, que os define e lhes dá seu significado específico e particular". Este conceito já foi desenvolvido pelos psicólogos alemães que trabalharam no campo da percepção. Eles foram os primeiros a demonstrar que o ser humano não percebe as coisas como entidades isoladas e sem relação, mas as organiza mediante um processo perceptivo, inconsciente e pessoal, em totalidades com significado. O exemplo seguinte pode ilustrar este fenômeno de como organizamos e percebemos o mundo em função de nossa personalidade e nossas necessidades. Imaginemos que uma pessoa entra numa sala cheia de gente. Ao entrar não percebe somente grandes manchas sem sentido, cores entremescladas, etc., mas percebe a sala e as pessoas como uma unidade na qual um elemento pode sobressair do resto, passando a ser a figura e o resto o fundo.

Isto é, enquanto há interesse, a cena aparece organizada. Só quando o interesse está totalmente ausente, a percepção se atomiza e a sala é vista como um enxame de objetos sem nenhuma relação. Portanto, o que dá lugar a uma percepção organizada depende também do interesse que a pessoa coloca na ação. E este interesse está em função de cada pessoa. Pensemos, por exemplo, que entra nessa mesma sala uma pessoa que, em situações sociais, precisa tomar bebida antes de aproximar-se dos outros. Tudo carecerá de importância, só uma coisa terá interesse para ela: o bar. Assim, pois, o bar se converterá em figura, enquanto que o resto da sala, junto com as demais pessoas e objetos que a ocupam, passará a ser o fundo.

A SEGUNDA premissa é a da homeóstase. Nossa vida e todo nosso comportamento são governados pelo processo chamado pelos cientistas homeóstase, e que outros chamam de adaptação. Nós admitimos que são processos diferentes. A homeóstase é o processo mediante o qual o organismo mantém seu equilíbrio e, portanto, sua saúde, no meio de condições que variam continuamente, já que o meio também não é estático, mas está também em contínua mudança, assim como a pessoa. Portanto, a homeóstase é o processo mediante o qual o organismo mantém seu equilíbrio no meio do ambiente que o cerca e que lhe serve para satisfazer suas necessidades. E como cada necessidade altera em pequena ou grande medida o equilíbrio do organismo – segundo o tempo transcorrido em satisfazer qualquer necessidade –, o processo homeostático está continuamente ocorrendo. Quando este processo falha, o organismo entra num estado de desequilíbrio, e se este perdurar por um tempo excessivamente prolongado, o organismo adoecerá.

Um exemplo simples deste processo é o seguinte: o organismo necessita de uma certa quantidade de água para manter-se são; se esta quantidade de água diminui muito, a transpiração, a salivação e a produção de urina se verão diminuídas, sendo os tecidos encarregados de ceder a água ao sangue. Pois bem, quando diminui demasiado a água no organismo, a pessoa sente sede. Para isso o organismo vai procurar a quantidade de água que restabeleça o nível adequado à sua necessidade.

A partir daí, Perls (1974) identifica o processo homeostático com o processo de autorregulação, que é o processo mediante o qual o organismo interage com o ambiente para equilibrar-se.

O organismo tem muitas necessidades. Entre elas podemos assinalar as necessidades de contato que se situam entre as necessidades fisiológicas e psicológicas. Estas necessidades – fisiológicas e psicológicas – não podem separar-se, pois cada uma contém elementos da outra.

Maslow (1983) desenvolveu um esquema em forma de pirâmide, na qual representa as distintas necessidades em função da importância que têm para o ser humano. Na base desta pirâmide estariam as necessidades mais primárias, que são as necessidades fisiológicas. É tão importante que elas sejam satisfeitas pelos seres humanos que delas depende a vida. A estas seguem as necessidades de contato ou necessidades psicológicas, e por último as necessidades de autorrealização.

3 O dar-se conta

O dar-se conta é a capacidade de todo ser humano de perceber o que está acontecendo dentro de si mesmo e no mundo que o rodeia. É a capacidade de compreender e entender aspectos de si mesmo e situações ou qualquer outra circunstância ou acontecimento que se manifeste em seu mundo. Dentro da experiência podemos distinguir três tipos de dar-se conta:

a) Dar-se conta de si mesmo ou do mundo interior.

b) Dar-se conta do mundo exterior.

c) Dar-se conta da zona intermédia ou zona da fantasia.

O dar-se conta de si mesmo ou do mundo ou zona interior

Este dar-se conta compreende todos aqueles acontecimentos, sensações, sentimentos e emoções que acontecem no mundo interior, em última análise, no meu corpo. Nestes momentos posso sentir meus dedos batendo nas teclas do computador; posso sentir certa tensão no meu pescoço e ombros por mantê-los rígidos durante certo tempo.

Este tipo de dar-se conta está em função da maneira de sentir e da experiência e existência aqui e agora, e é independente de qualquer argumento ou juízo por parte dos demais. Isto é, se eu sinto esta ou aquela coisa dentro de mim, o fato de os outros julgarem ou eu mesmo esses sentimentos ou eventos, não os fará mudar. Só poderão ir mudando à medida que eu os deixar fluir livremente dentro de mim, acomodar-me de uma forma diferente no espaço, ou mergulhar em experiências que me tirem da situação anterior. É assim que minha postura pode ir se transformando, e com isso podem aparecer novas sensações que me indicarão como me sentirei na nova situação. Ver a figura 3.1.

Figura 3.1 – Dar-se conta do mundo interior

Frequentemente as pessoas sentem cansaço e esgotamento, embora não tenham feito grande coisa durante o dia e sua atividade tenha sido quase nula. Essas pessoas têm pouca capacidade de colocar-se em contato consigo mesmas e de dar-se conta de que estão tensas, e que esta tensão se mantém à custa de investir grandes quantidades de energia, contraindo seus músculos e adotando posturas constrangidas e rígidas. Se tomassem consciência de suas tensões e dos lugares de onde elas surgem, poderiam pôr-se em contato com estas zonas e ir aos poucos as afrouxando.

Uma das grandes falhas do homem moderno é de ter perdido parte de sua capacidade de dar-se conta do que está sentindo e de quais são suas necessidades mais autênticas e verdadeiras. Confundiu e muitas vezes ainda confunde desejos com necessidades, e a consecução dos desejos acaba levando a confundir o ser com o ter, o ser com o aparentar, o ser com o parecer ser, etc.

Com os atuais meios de comunicação operou-se um fenômeno contrário quanto ao surgimento e desenvolvimento de necessidades. Através desses meios estão sendo criadas para o ser humano necessidades que estão além do que ele necessita verdadeiramente para sentir-se bem e cômodo consigo mesmo. Estas novas necessidades pertencem mais a interesses externos a ele do que a um genuíno e verdadeiro desejo de seu ser.

A. Schnake (2001) escreve: "Perceber a tempo as verdadeiras mensagens do corpo nos pouparia de inúmeras consultas e *check-ups* ou diagnósticos médicos, aos quais temos levado nosso corpo como algo alheio e do qual saímos aterrados, ameaçados de sinistras possibilidades".

Pôr-se em contato consigo mesmo e dar-se conta do que realmente se sente e deseja é o primeiro passo para a integração. Para pôr-se em contato consigo mesmo convém fazer-se as seguintes perguntas: "O que estou sentindo?" "Onde o estou sentindo?" "Como o estou sentindo?" Em gestalt tratamos de evitar o porquê que é substituído pelo como, pelo onde ou pelo o quê.

O dar-se conta do mundo ou zona exterior

O dar-se conta do mundo externo está relacionado com tudo que percebemos através de nossos sentidos e que provém do mundo exterior, isto é, é o contato que mantenho em cada momento com os objetos e os acontecimentos do mundo que me cerca. Isto me permite conscientizar-me do que está fora e do que ocorre além de minha pele. É o que em cada momento vejo, toco, ouço e cheiro. É o som do toque nas teclas do computador, é o resplendor da lâmpada ou o sabor da comida. Ver a figura 3.2.

Figura 3.2 – Dar-se conta do mundo ou zona exterior

Estas percepções do mundo externo, minha forma de sentir e, em última análise, o que percebo, toco, cheiro e saboreio estão em função de minha forma de perceber e de ser, que foi se configurando de acordo com minha herança genética, com minhas aprendizagens e meu traço de personalidade.

O dar-se conta da zona intermédia ou zona da fantasia

A zona intermédia inclui toda a atividade mental que vai além do que sucede no presente. A zona da fantasia abrange o passado e o futuro, além de compreender as atividades relacionadas com o pensar, adivinhar, imaginar, planejar, recordar o passado ou predizer e antecipar o futuro. Ver a figura 3.3.

Figura 3.3 – Dar-se conta da zona da fantasia

Tanto a nossa ideia imaginária do futuro como nossa concepção e lembrança do passado se baseiam na compreensão do presente. O passado é um recordar-se – muito pouco objetivo – do que aconteceu num momento que já não existe. O futuro é tudo aquilo que pressagiamos, imaginamos ou tratamos de fazer acontecer. Todo este adivinhar, pensar e imaginar ocorre no presente, no aqui e agora. Quando toda esta atividade mental tem como função evitar que vivamos o presente, converte-se numa atividade neurótica que nos afasta do mundo real. Para Perls (1974), todas estas atividades nos mantêm alheios ao presente e, por fim, de nós mesmos e de nosso dar-nos conta em cada momento. A consequência é a alienação.

A capacidade de dar-se conta e estar alerta ao que acontece em cada momento nos mantém em contato com nossa existência e nos permite ir integrando partes de nós mesmos.

É muito mais útil tomar consciência do que está acontecendo conosco e do que está ocorrendo ao nosso redor em cada momento do que tratar de mudar, deter e inclusive evitar algo que existe em nós e que não nos agrada. Interferir no funcionamento de nós mesmos, disfarçando-o ou distorcendo-o, só serve para levar-nos a negar partes de nós mesmos e de nossa própria experiência em cada momento. Rechaçar partes que não nos agradam leva à alienação.

Quando alguém se coloca em contato com sua autêntica vivência, descobre que a mudança se opera por si só, sem esforço nem planejamento, sem empurrá-la, sem provocar mudanças falsas ou que vão contra sua essência. Frustrar-se com exigências de ser diferente do que cada um é só nos leva a sensações de tensão, inadequação e vergonha. Ficamos tensos para representar papéis e mostrar uma aparência aceitável diante dos outros. Ficamos tensos para evitar a raiva ou a tristeza, a inveja ou a inadequação e, enfim, qualquer tipo de sentimento que nos seja doloroso. E toda a energia que gastamos em negar-nos, em ocultar-nos, em evitar situações ou aspectos de nossa personalidade, em tratar de ser diferentes ou em resistir à mudança, é uma energia que pode ser utilizada em viver a vida e a experiência como vão surgindo, com presença, responsabilidade e firmeza.

A terapia gestáltica não pretende dar soluções aos problemas da vida, mas antes procura proporcionar-nos ferramentas para explorar nossa vida e nossa personalidade, assim como para ampliar a capacidade de dar-nos conta do que vamos sentindo e experimentando a cada momento, com o fim de esclarecer os problemas e as confusões que surgem, ajudando-nos a descobrir nossas próprias respostas a nossas dúvidas e comportamentos, isto é, o que cada um quer fazer e o que cada um é. Cada mudança forçada nos leva a mostrar ser o que ainda não somos neste momento ou que nunca chegaremos a ser; nos dá algo que não somos, nos aliena e nos desintegra. Mas deter a mudança gera angústia e paralisação. Boa parte dos sentimentos que surgem nas etapas de crise – ansiedade, angústia, medo... – são consequência de todas as manobras que se fazem para evitar as mudanças, por causa da inquietação e medo do desconhecido que elas podem trazer.

Esta terapia não pretende ajustar nem adaptar a pessoa à sociedade, mas ajustá-la a si mesma, ajudando-a a descobrir sua própria forma de existir, sua humanidade, seu ser mais íntimo e verdadeiro e, portanto, a sentir-se mais cômoda com sua própria existência e com seu corpo.

Frequentemente, através do processo gestáltico, o que se consegue é o contrário do que a sociedade, os amigos, os pais ou os cônjuges esperam. Eles acham que a pessoa deveria chegar a ser, atuar ou comportar-se como é correto socialmente. Este processo leva, porém, ao dar-se conta e ao enriquecimento de si mesmo, mediante o autoconhecimento e aceitação de nossas diversas partes alienadas e não aceitas. Não consiste em adaptar o indivíduo à sociedade, mas em acompanhá-lo para encontrar uma vida mais plena e em harmonia com o que ele é e pode chegar a ser.

A aprendizagem, como disse Perls (1974), consiste em descobrir que algo é possível. O mundo existe, mas na realidade não existe até que seja descoberto. A pessoa não está completa enquanto não reconhecer e aceitar suas diversas partes, comportamentos e atitudes. Cada vez que nos negamos a dar a resposta a uma pergunta, ajudamos a outra pessoa a usar seus próprios recursos e a descobrir suas próprias respostas. É um convite a encontrar seu caminho e seus recursos para caminhar pela vida. A meta da terapia gestáltica não está em dar à pessoa as respostas, mas em ajudar a descobri-las.

Quando os pacientes vêm consultar-se, esperam que iremos resolver seus problemas, dando-lhes as soluções ou respostas a suas perguntas. Mas, cada vez que caímos na tentação de responder suas perguntas, tiramos a oportunidade que eles têm de crescer e buscar suas próprias maneiras e formas de resolver seus problemas; e, em última análise, de ir amadurecendo na medida em que encontram novas respostas aos desafios da vida.

Encontrar as próprias respostas os faz passar do apoio exterior ao seu autoapoio. Cada vez que a pessoa descobre suas próprias respostas e as põe em prática em suas relações, sente-se mais forte e mais capaz de enfrentar sua vida e de depender um pouco menos dos juízos, opiniões e respostas dos outros; aprende a depender de seus próprios recursos e não dos que lhe pode oferecer o mundo exterior. Deixa de comportar-se de acordo com o convencional e age de acordo com suas necessidades, com coerência e responsabilidade.

Há muitos exercícios destinados a nos levar a tomar contato conosco mesmos e com nossa experiência no livro de John Stevens *O dar-se conta* (1979). Vamos incluir aqui um exercício dedicado a este fim de contato e de dar-se conta que consiste no seguinte:

Trate de ser o observador de seu próprio dar-se conta e de reparar para onde se dirige e como vai discorrendo sua atenção, à medida que vai se desenrolando o exercício. Por exemplo, diga a si mesmo: "Agora me dou conta de..." e termine a frase com aquilo de que se deu conta neste momento. Trate então de considerar se isto de que se deu conta pertence ao mundo interior, ao exterior ou ao mundo de sua fantasia. Repita várias vezes esta experiência de dar-se conta do que está ocorrendo, e depois do lugar de onde procede seu dar-se conta e para onde tende a dirigir-se. Será que dar-se conta procede de dentro, de seu corpo, de sensações de dentro dele, ou procede do mundo exterior, como um ruído ou um aroma? Ou não procede nem de um nem do outro, e sim de sua fantasia?

Se você está ocupado com fantasias, pensamentos, ideias, etc., seu dar-se conta da realidade ou do mundo externo ou interno decai, e inclusive desaparece toda sensação, a não ser que a fantasia tenha por finalidade produzir sensações com imagens criadas para tal fim.

Agora preste atenção como seu dar-se conta é como uma espécie de lâmpada. Por exemplo, se eu lhe digo que preste atenção aos sons que o rodeiam, é quase certo que poderá ouvir uma grande quantidade de sons e ruídos diferentes: ruídos diversos procedentes de objetos que se chocam, ruídos de carros, música, cantar de pássaros, etc., mas enquanto está fazendo isto está completamente alheio ao que estão fazendo ou sentindo suas mãos... Quando, porém, menciono suas mãos, seu dar-se conta pode dirigir-se a elas e tomar conhecimento das sensações que há nelas. A capacidade de dar-se conta move-se muito depressa de uma coisa a outra e de um lugar a outro, mas a pessoa só é capaz de dar-se conta de uma coisa de cada vez, de um sentimento ou sensação em cada momento. Por exemplo, quando sentimos uma dor em qualquer parte do nosso organismo, se sofremos uma pancada e esta produz uma dor maior do que a primeira, com certeza a primeira dor desaparece de nossa consciência para dar espaço à dor mais forte.

Constantemente nos encontramos interferindo nos processos que vão ocorrendo no nosso organismo: algumas vezes por uma mudança repentina no nosso entorno circundante, e outras vezes, a maioria, como consequência de um dar-se conta de uma experiência desagradável e de sua consequente evitação. Essa evitação é uma das principais maneiras que utilizamos para reduzir e limitar nosso dar-nos conta e, consequentemente, nossa experiência. Com esse comportamento nos tornamos evitativos e aprendemos progressivamente diferentes mecanismos de defesa que vão limitando nossas experiências e ocultando partes de nós mesmos ao nosso olhar. Podemos aprender a fazer nosso corpo encarregar-se desta interferência provocada pela evitação.

Para isto propomos um outro exercício breve. Comece por deitar-se de costas com os olhos fechados, sentindo como apoia seu corpo no lugar que escolheu para estender-se; tome contato com ele. "Coloque-se de forma cômoda e relaxada, deixando que o contínuo de consciência vá fluindo livremente. Observe como este fluir corporal sofre interferência de imagens e fantasias, e veja que tipo de imagens e fantasias se produzem. Cada fantasia, pensamento ou imagem que interrompe seu fluir pode ser que surja à raiz de uma sensação ou para evitar sensações desagradáveis". Com este simples exercício podemos aprender que, se estamos atentos à nossa experiência, podemos saber algo mais sobre nós.

Existem exercícios destinados a explorar essas três zonas do dar-se conta. Para isto basta ir observando cada uma delas separadamente. Exercício: "Dedique de 10 a 15 minutos cada noite a dar-se conta do que ocorre numa destas zonas, e em noites sucessivas concentre-se nas outras duas". Esta é uma forma simples de ir tomando contato conosco mesmos, de ir vendo os pontos obscuros de nossa personalidade, e de prestar atenção aos nossos pontos cegos.

4 O contato

O contato é uma das principais necessidades psicológicas do ser humano. Sem ele, a pessoa se vê sujeita a desajustes marcantes da personalidade e, em casos extremos, à morte. Foram feitos muitos estudos para determinar o grau de deterioração da personalidade em indivíduos que cresceram carecendo de contato[5]. Na Espanha há um que foi feito há vários anos com crianças que foram criadas em asilos. Os americanos fizeram estudos com macacos bebês e observaram a influência dos diversos tipos de contato que lhes foram proporcionados[6].

No ventre materno, desde o momento de nossa concepção, tudo nos foi dado: comida, calor, segurança, etc. Com o nascimento perdemos essa simbiose que mantivemos com nossa mãe durante a gravidez, e da etapa simbiótica passamos a outra de total e absoluta dependência durante os primeiros meses de nossa vida. Dependência que vamos perdendo progressivamente através dos anos e da maturação.

Poderíamos definir o contato como essa passagem que se estabelece entre a união e a separação: é o ponto exato em que passamos de uma situação de separação para a outra de união, e vice-versa.

---

5. SPITZ, R.A. (1946). "Anaclitic depression". *Psychoanalitic Study of the Child*, p. 313-342.

6. Uns tiveram contato com a mãe, outros com substitutos feitos de arame e outros foram feitos com pele. Os resultados foram variados. HARLOW, H. (1959). Love in Infant Monkeys. *Scientific American*, p. 68-74 [*Psicobiología Evolutiva*. Barcelona: Fontanella; 1976, p. 113-120]. • HARLOW, H. (1962). "Social Deprivation in Monkeys". *Scientific American*, p. 136-207.

Através do contato cada ser humano tem a possibilidade de encontrar-se, sob forma nutrícia, com o mundo exterior, realizando uma incorporação ou intercâmbio de alimentos, afetos, etc. Esse intercâmbio se realiza através da síntese entre a união e a separação que é o contato. Ver a figura 4.1.

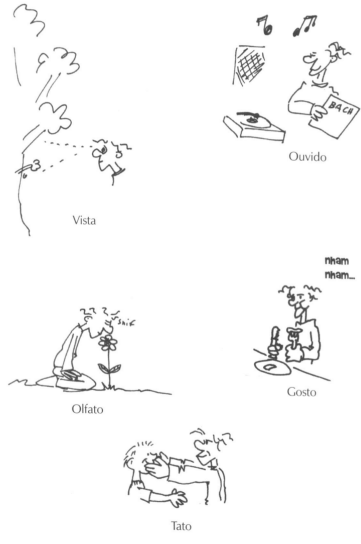

Figura 4.1 – O contato

O ser humano se conecta e desconecta continuamente do meio. O encontro que pode dar-se em um momento acaba imediatamente, sendo substituído pela retirada, de forma mais ou menos voluntária, pois podemos terminá-lo nós ou os outros. Neste período de contato eu toco você, falo com você, ouço você, sorrio para você, quero você, etc. Mas também quando me desconecto, vejo-me só. Posso conservar a lembrança de você como mecanismo para não sentir-me assim; no entanto, quando retiro o contato fico sozinho. O ritmo contato-retirada é necessário para o bom funcionamento do organismo. Ver a figura 4.2.

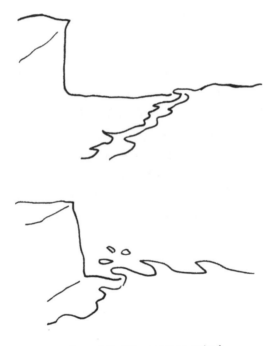

Figura 4.2 – Ritmo contato-retirada

Durante toda a vida tratamos de manter o equilíbrio entre liberdade (ou separatividade) e união (ou aproximação), em função de nossas necessidades.

Cada pessoa tem seu espaço vital dentro do qual, e dependendo do momento, pode receber ou abrir-se a determinadas pessoas; mas ninguém deve invadir este espaço. Se isto acontece, sentimo-nos ameaçados em nossa integridade e individualidade.

O espaço vital é um conceito psicofisiológico, um espaço territorial imaginário que nos serve para definir a quantidade de contato, a qualidade, o tempo de duração desse contato e a proximidade de que cada qual necessita para sentir-se seguro sem correr o perigo de sentir-se invadido pelo outro ou pelos outros.

Quando insistimos demais em manter rigidamente esse espaço territorial, corremos o risco de reduzir o contato com os outros. Esta redução leva o ser humano à solidão que, não obstante, às vezes é aceita como opção mais segura e menos geradora de angústia. Na maioria das vezes, esta redução do contato se realiza por temor ou por medo, e ainda que seja grande o desejo de entrar em contato com os outros, este temor que sentimos quando alguém se aproxima nos impede de retirar nossos limites e abrir-nos.

Quando acontece o contrário, isto é, quando nosso eu está em contínuo contato com o mundo, mostrando uma extroversão compulsiva, perde-se essa intimidade criativa e de concentração, diluindo-se os limites do eu, tornando-se às vezes difícil distinguir entre o ambiente e a pessoa.

O contato só pode dar-se entre pessoas que estão separadas, que necessitam de independência e que ao mesmo tempo precisam de contato, sem permanecer enganchadas nessa relação.

No contato, no momento da união, eu não sou somente eu, nem você é somente você: você e eu somos agora nós. E quando me conecto com você e entro em contato, exponho minha vida independente e posso ficar enganchado nessa relação. O contato é um perigo, mas também é a base do crescimento e da maturação. Assim, um contato adequado e sadio é a seiva vital do crescimento. Só na minha relação e contato com os outros, minha experiência e sua experiência entram em relação e nossos mundos podem mudar, seja através do intercâmbio de experiências ou da realização de algo novo juntos. A mudança é o produto inevitável do contato. Através do contato se realiza um tipo de aprendizagem que surge do intercâmbio de experiências, do que você pensa e sente, e do que eu penso e sinto.

Tipos de contato

Ainda que o contato se dê fundamental e primordialmente através dos sentidos (vista, ouvido, tato, olfato e gosto), o mero fato de ver e ouvir não é garantia de um bom contato nem de ter retirado os limites que nos separam do outro. Ver a figura 4.3.

Figura 4.3 – Tipos de contato

O que possibilita que se realize o contato é a forma como se faz, isto é, como a pessoa vê e como ouve. O contato não só se faz com pessoas, mas vai além e se realiza com coisas inanimadas como olhar um pôr-do-sol, ouvir o barulho de uma cascata, olhar uma paisagem. Estas são formas de contato que podem despertar em nós uma multidão de sensações. Como disse Perls (1976): "O contato começa a funcionar quando o si mesmo se encontra com o que lhe é alheio".

No entanto, devido à capacidade do ser humano de desdobrar-se, e como uma possibilidade de empregar esta dicotomia em favor do crescimento e para seu próprio autoexame, também se considera outra forma de contato: o contato consigo mesmo. Esta capacidade serve para aprofundar-nos e dar-nos conta do que ocorre em nosso interior.

O processo que permite ao sujeito tomar contato consigo mesmo pode estar orientado unicamente para seu próprio crescimento, pode servir para desenvolver a função de contato com outras pessoas e, finalmente, pode ter uma função perturbadora, como ocorre no caso da hipocondria que fixa no corpo uma atenção excessiva, desviando para a pessoa o curso de sua consciência, em vez de deixá-la fluir para um foco exterior. A energia assim estancada imobiliza o indivíduo em seu intercâmbio com o exterior e lhe provoca uma série de sintomas nos quais podemos ver que seus órgãos estão suprindo o mundo exterior. A energia que deveria estar sendo utilizada neste intercâmbio aparece bloqueando certos órgãos ou partes de seu organismo. Essa dificuldade de deixar fluir a energia é o que cria seu estancamento.

A. Schnake (1995) diz: "As pessoas acreditam que podem obrigar o corpo não só a fazer proezas incríveis, mas também a carregar ou conter dentro dele o que se lhes ocorra, desde silicone a pessoas inteiras". Esta é uma das origens da hipocondria, incorporar simbolicamente alguém e manter essa pessoa dentro como uma forma de controlá-la ou de não perdê-la, não a deixando ir, se for uma pessoa que já faleceu.

Entretanto, um bom contato conosco mesmos pode servir para fomentar e melhorar nossa capacidade de aprofundar-nos e dar-nos conta do que ocorre dentro e fora de nós.

O contato consigo mesmo deriva da capacidade que o ser humano tem de desdobrar-se, de converter-se em observador e observado, da forma mais objetiva possível (a objetividade absoluta não existe, nem sequer em relação àquelas coisas pelas quais não nos sentimos afetados emocionalmente). A possibilidade de empregar esta capacidade do ser humano, como o é a dicotomia em favor do crescimento, é uma característica do autoexame. Um escritor, um orador, ou um atleta podem utilizar este tipo de desdobramento para melhorar suas atividades e, em geral, qualquer pessoa pode utilizar esta capacidade em maior ou menor grau.

O contato como algo evitado em outras psicoterapias

Dada a importância, em gestalt, do contato para o crescimento e a maturação, o conceito psicanalítico tradicional de transferência apresenta-se, para nossa forma de atuar e sentir, com alguns pontos um tanto vulneráveis. Por exemplo, em muitas ocasiões consideram-se exclusivamente projetivos – ou atuações de vivências passadas – alguns comportamentos e expressões que podem ser o resultado de percepções lúcidas e exatas da realidade por parte do paciente. Se uma pessoa em terapia nos diz que nos vê como uma pessoa antipática ou distante, interpretar isto como uma mera transferência é negar-lhe toda sua capacidade discriminatória ou enviá-la a um passado remoto. Nós podemos utilizar este tipo de comunicação de forma que lhe seja útil. Podemos tratar de averiguar o que ela vê em nós que lhe provoca esse sentimento. Ver como se sente diante de uma pessoa com essas características. E por último tratar de ver se ela projeta sobre o terapeuta esse sentimento. Se essa distância ou esse sentir o terapeuta como um personagem remoto está expressando só uma projeção da parte do paciente, embora haja uma projeção – com isto há uma distorção da realidade –, não cabe atribuí-la exclusivamente à transferência de uma relação anterior a uma situação presente. Outras vezes resultará que o paciente é um tanto enfadonho e pesado, e seu terapeuta um antipático. Neste caso, resulta que ele viu com bastante lucidez a relação que se estabeleceu entre os dois e terá aprendido algo acerca dele e da outra pessoa, algo que lhe convém saber e que descobriu por si mesmo: o que se criou no intercâmbio concreto entre ele e seu terapeuta.

O que acabamos de descrever tem uma grande importância. Piaget observou que, cada vez que adiantamos uma resposta correta à criança, o que fazemos é impedi-la de aprender ou inventar, por si mesma, muitas respostas novas. A ação, por um lado, acarreta frequentemente uma intenção e ideias e, por outro lado, nos leva ao conhecimento que amplia nossas fronteiras e nos põe em contato com as coisas em particular e com o mundo em geral. A assimilação do conhecimento é mais real e mais facilmente apreensível quando não o damos antecipadamente pronto à pessoa, mas deixamos que ela o descubra por si mesma.

Muitas terapias atuais se deram conta do enorme interesse e importância do contato nos processos terapêuticos, tendo-se incluído o corpo à ação como meio imprescindível para a integração. Não obstante, assim como existem terapias que consideram todo contato como um *acting out*, impedindo toda ação e contato entre o paciente e o terapeuta, há outras que só se ocupam do corpo, esquecendo-se que o ser humano é uma totalidade indivisível, e que o estudo das partes ou o tratamento por separado das mesmas pode levar-nos a conclusões falsas. Como dizíamos anteriormente, esses enfoques esquecem as inter-relações que se estabelecem entre as partes que formam uma totalidade.

Em nossa opinião, toda mudança operada em qualquer um dos três campos da pessoa (o social, o psicológico e o corporal) influi nos outros campos, por tratar-se de um todo.

Em terapia gestáltica não só não evitamos os contatos diretos entre os pacientes dentro de um mesmo grupo, ou nosso próprio contato, mas procuramos fomentá-los, porque achamos que onde aparece a maioria das dificuldades dos pacientes é no contato, e como consequência disto nos intercâmbios que se fazem por falta ou por excesso. Em nossos grupos e nos trabalhos individuais utilizamos diversos jogos, exercícios e experimentos corporais, onde o paciente coloca em jogo sua criatividade, suas inibições, seus conflitos, suas alienações, suas rejeições, suas projeções e todo seu mundo de fantasia, com o fim de explorar sua personalidade e suas dificuldades para entrar em contato com os outros, e para que descubra como e de que maneira ele se impede de satisfazer suas necessidades. Só a partir do dar-se conta do *que* é que interrompe e *como* o interrompe pode mudar seu comportamento e aprender novas formas de atuar.

Como dissemos, em gestalt utilizamos o jogo, essa capacidade lúdica que nos permite explorar o objetivo e o subjetivo, o real e o imaginário, pois é através dele que podemos ver-nos a nós mesmos e aos outros.

O jogo é um ponto intermédio entre o sonho e a vigília, ou entre a realidade e a fantasia, que possui um grande poder transformador e conscientizador. Através dele, de sua introdução e desenvolvimento dentro dos grupos, as pessoas podem chegar a aprender novas formas de comportar-se, temidas ou desconhecidas anteriormente. Por isso, nós não só não evitamos o jogo e os contatos pessoais, mas os fomentamos e propomos, quando a ocasião e o momento assim o aconselham.

Os limites ou as fronteiras do eu

Os limites do eu marcam a capacidade – a quantidade e a qualidade – do contato que uma pessoa quer ou pode estabelecer com o mundo que a rodeia. São os riscos que, diante de uma possibilidade de gratificação, uma pessoa está disposta a enfrentar quando se aproxima dos limites de seu comportamento habitual. Estes limites definem e abarcam ideias, experiências, valores, cenários, esquemas, lembranças, crenças e pessoas.

A pessoa interrompe o contato por várias razões: porque ficou satisfeita com o intercâmbio que realizou, porque vive a vida de forma apressada e passa de uma coisa a outra sem ter concluído a situação anterior, ou quando, em sua fantasia, imagina que uma ameaça esteja próxima. Muita gente precisa prever o que vai acontecer quando vai empreender uma determinada ação, por mais intranscendente que seja. Isto dá segurança à pessoa, mas também a impede de superar suas formas de comportamento cotidianas e habituais para adentrar-se em novas oportunidades e novas experiências que poderiam trazer-lhe conhecimentos e novas formas de ação que romperiam seus rígidos esquemas e seus estereótipos, proporcionando-lhe, por sua vez, sensações agradáveis de soltura, crescimento e expansão.

Ao longo da vida experimentamos mudanças em nossos limites: quando eles se ampliam temos uma maior possibilidade de crescimento e de abertura a novos conhecimentos e novas experiências.

De toda maneira, nem sequer nas pessoas mais rígidas os limites estão totalmente fixos, sem possibilidade de abertura. Quase sempre existe uma certa flexibilidade dentro da rigidez, que permite um maior ou menor contato. Por ouro lado, há zonas do eu mais retardadas e mais remissas a abrir-se, em função da personalidade, das características próprias e da sociedade na qual se vive, e que o conformam dentro de certas crenças e ideias.

O experimento gestáltico e muitos jogos usados na psicoterapia gestáltica servem para expandir e ampliar os limites do contato. Por meio deles podemos chegar a realizar ações que antes nos pareciam difíceis ou estranhas, ou aquelas às quais resistíamos e nos negávamos a vivenciar ou experimentar. Estas novas ações podem chegar a ser vividas como expressões aceitáveis, e com elas podemos abrir-nos a novas possibilidades (JAMES & JONGEWARD, 1990).

Tipos de limites

Como vimos anteriormente, os limites marcam o ponto entre a aproximação e o afastamento nas inter-relações dos seres humanos. Marcam, também, a quantidade e a qualidade do contato que uma pessoa está disposta a fazer e, consequentemente, os riscos que está disposta a correr nesta iniciativa.

Os limites do eu podem ser vistos de vários pontos de vista:

1) *Os limites relacionados com a grande variedade de ambientes* que nos rodeiam (ambientes que podem ser mais ou menos abertos, mais ou menos permissivos, mais ou menos estimulantes).

2) *Limites do corpo*. São os relacionados com os bloqueios que ocorreram em nível físico, e que se foram consolidando no organismo como resultado de experiências e vivências negativas. Representam aquelas partes corporais ou funções que aprendemos a bloquear em detrimento de outras. Ver a figura 4.4.

Figura 4.4 – Os limites do corpo

Nos grupos pudemos assistir a desbloqueios de rigidez consolidada em determinadas zonas do organismo que provocaram explosões de choro em pessoas que não se lembram de ter podido chorar em toda a sua vida.

3) *Limites em função dos valores*. O fanatismo e as crenças limitam as fronteiras do contato ao não deixar-nos ver as coisas e as pessoas, nem outras possibilidades que não sejam as nossas. Esses valores costumam cegar-nos e limitar nossas fronteiras do contato, assim como nossos intercâmbios. Ver a figura 4.5.

Figura 4.5 – Os limites em função dos valores

Para muitas pessoas, suavizar seu sistema de valores pode abrir-lhes novas possibilidades de compreensão e de expansão, permitindo-lhes uma maior capacidade de contato e intercâmbio que até o momento não haviam experimentado. Isto não implica submissão ou "confluência" com os valores do ambiente, mas sim conhecê-lo melhor e aprender a extrair ou rechaçar dele o que a pessoa precisa para viver melhor. Também pode pôr-se em contato com novas ideias e formas de conceber a vida, e inclusive obter o apoio mais real para a ação, se quiser transformar-se e mudar seus comportamentos estereotipados por outros mais criativos e espontâneos.

4) *Limites da familiaridade*. Esses estariam condensados na frase: "Mais vale o mau conhecido do que o bom por conhecer". Ver a figura 4.6.

Figura 4.6 – Os limites da familiaridade

As circunstâncias externas podem determinar que espontaneamente experimentemos durante a nossa vida somente uma pequena parte do que poderíamos ter experimentado em circunstâncias diferentes. Estas circunstâncias que dão origem a relações e contatos escassos podem ser atenuadas, em parte, se viajarmos, lermos ou entrarmos em contato com pessoas que têm modos de viver bem diferentes dos nossos. Não obstante, há uma enorme parte de responsabilidade própria no limite que impomos a nós mesmos. E parece que em muitas ocasiões a alternativa que vemos é esta: ou o conhecido ou o nada, por medo do desastre. É como se ao perguntar-nos "Se não sou isto, o que sou então?", a angústia que se gera diante da incerteza do nada nos atormentasse e paralisasse no conhecido como ponto mais seguro.

Mas o desastre não alcança tão frequentemente como se poderia pensar a quem aceita passar pela fantasia catastrófica do desconhecido. Muitas vezes é necessário atravessá-la para chegar ao bem-estar incógnito nessa "temida" catástrofe. Na maioria das vezes essa fantasia catastrófica se baseia em alguma experiência desagradável vivida no passado, ou em alguma introjeção infantil que nos bloqueou e fixou nas coisas e nas experiências conhecidas.

Uma das dificuldades mais frequentes com as quais nos defrontamos para sair do conhecido é a fantasia catastrófica; mas pôr fim prematuramente ao drama da mudança, sem dar tempo aos atrativos da nova situação para que amadureçam, pode levar a comportamentos compulsivos que evitem experiências necessárias ao crescimento.

Sair do conhecido cria, num primeiro momento, uma sensação de vazio e de medo, que nem todo mundo está disposto a experimentar, para atravessar e ampliar os limites do conhecido ou os limites do familiar.

5) *Limites da expressividade*. As proibições que vivemos durante toda a nossa vida, e especialmente durante nossa infância, como "não toque nisto", "não se mexa", "homens não choram", "não se

masturbe", entre outras, aplicamos a situações novas sem nenhum tipo de exame discriminatório, deparando assim com resistências a tocar os outros, a aproximar-nos ou a chorar. Ver a figura 4.7.

Figura 4.7 – Os limites da expressividade

Outras vezes nos surpreendemos desempenhando somente determinados papéis (de vítima, agressor, conciliador), e com muita resistência a representar outros que não sejam aqueles que nos permitem representar o que aprendemos para proteger-nos. Algumas vezes é por medo de mudar, e outras porque perdemos esta capacidade de representar papéis, experimentar e treinar-nos em outros comportamentos que não sejam os conhecidos e aprendidos anteriormente.

6) *Limites da exposição*. O medo que se oculta por trás desse limite é partilhado por quase todos os outros limites. É o medo de ser olhado, observado, reconhecido. É o temor de ser etiquetado, de chamar

a atenção, de fazer papel ridículo. Está intimamente ligado ao julgamento negativo que os outros podem fazer de nós. Ver a figura 4.8.

Figura 4.8 – Limites da exposição

Nos grupos de terapia é muito importante que os integrantes do grupo se comprometam a não divulgar o que pode acontecer, visto que este é um dos fatores que podem contribuir para que muitas pessoas se atrevam a aproximar-se destas fronteiras e ultrapassá-las. Quando alguém consegue chegar a um bom nível de aceitação de si mesmo em suas diversas manifestações, sua preocupação em expor-se diante dos outros diminui. Chega inclusive a dar-se conta de que a aceitação ou a rejeição que obtém dos outros, à custa de encobrir características reais, é bastante relativa. Aprendemos que amar é aceitar as diferenças e que estas só são recusáveis se nos prejudicam verdadeiramente. Viver de acordo com o que chamamos "de frente para a galeria" consome uma grande quantidade de energia e, a longo prazo, nos cria confusão e alheamento de nós mesmos. Nossa identidade e nossa personalidade podem ser profundamente afetadas, e todo o nosso ser sofre com esta atitude de aparentar o que não se é. No caso dos narcisistas que supervalorizam características ou papéis em detrimento do ser, que passam sua vida no ter que ser, em vez do ser, quando param, e olham para dentro de si mesmos, o que encontram é o vazio e a ausência do ser.

Outra coisa que observamos nos grupos é a influência benéfica do exibicionismo, tanto no crescimento pessoal como no desenvolvimento e na abertura dos limites da expressividade. Os especialistas em semântica descrevem quatro tipos de expressão que podem compreender outras tantas etapas evolutivas na expressividade. As duas primeiras são consideradas etapas não expressivas e as duas últimas etapas expressivas. Temos assim:

a) *Etapa bloqueada*. O indivíduo nem sequer sabe o que quer expressar. A repressão predomina nesta etapa de maneira tão marcante que a pessoa nem sequer se dá conta do que quer expressar.

b) *Etapa inibida*. Nesta, a pessoa já sabe o que quer expressar, mas não o expressa por temor.

c) *Etapa exibicionista*. Nesta etapa a pessoa rompeu com as duas etapas anteriores e com as barreiras que detinham sua expressividade, e mostra o que quer, embora não tenha assimilado de todo a forma de expressá-lo e incorporá-lo a seu próprio sistema motor. A expressão pode ser pobre, inautêntica ou desordenada, mas esta etapa é, muitas vezes, inevitável e necessária, já que a pessoa está aprendendo expressões novas, e o ensaio não pode ser interrompido até que elas se tenham incorporado a seu sistema expressivo. Por outro lado, não se passa simplesmente de uma posição bloqueada ou inibida à expressividade. *É preciso aprender ensaiando*.

Uma das maiores vantagens do grupo de terapia é ser um "campo de experimentação", onde são muito mais facilmente aceitos os primeiros passos, as primeiras expressões, os primeiros comportamentos. Isto impulsiona a pessoa a atuar com maior soltura e a diminuir o nível de ansiedade (SCHUTZ, 1978).

d) *Etapa de expressão espontânea*. É a etapa final, na qual o sujeito expressa o que quer, compromete-se plenamente na expressão de suas emoções e sentimentos, levando à realidade de sua vida comportamentos que são adequados e compatíveis com seus desejos. Ver a figura 4.9.

Figura 4.9 – Os quatro tipos de expressão. Etapa bloqueada, etapa inibida,

etapa exibicionista e etapa espontânea.

Outra forma de classificar os tipos de contato seria:

1) *Contato como referência*. Esta forma de contato se faz sem emoção. Acontece muito na vida comum, sobretudo no mundo dos negócios, onde os contatos são frios e distantes, pois se baseiam nas boas maneiras e na "boa educação". Ver a figura 4.10.

Figura 4.10 – O contato como referência

2) *Contato pelo próprio contato.* Este modelo pode aumentar o contato referencial. Dá-se naquelas pessoas que aprenderam que o contato é bom e necessário, e se dedicam a fazer contato com o maior número possível de pessoas. Em alguns casos, isto pode desenvolver a capacidade de fazer contatos, mas, em geral, este tipo de contatos carece do afeto autêntico e genuíno que caracteriza um contato mais real. Ver a figura 4.11.

Figura 4.11 – Contato pelo próprio contato

Formas mais comuns de interromper o contato

A seguir vamos revisar algumas das formas mais comuns de interromper o contato e propor alguns exercícios para corrigir estas interrupções depois de ter-nos dado conta delas. Vejamos as formas mais comuns de interromper o contato através do órgão da vista:

• *Não olhar.* Evitando continuamente o trato direto com o olhar. Convém examinar para que serve esta atitude e o que tratamos de evitar com ela. Na maioria das vezes a pessoa pensa que, se ela não olha para os outros, os outros também não olharão para ela. A vergonha é outro sentimento que intervém na hora de evitar olhar ou que nos olhem.

• *Olhar sem ver.* Esta é uma atitude bastante comum. Se pedimos a uma pessoa que nos diga e nos descreva as características de um lugar que ela acabou de visitar, é bem provável que não possa dar-nos uma grande quantidade de dados a respeito, precisamente por causa deste olhar sem ver. Ver a figura 4.12.

Figura 4.12 – Olhar sem ver

• *Cravar o olhar enrijecendo-o.* Esta forma se parece com a de olhar sem ver, mas aqui acrescenta-se o componente de rigidez. Frequentemente se dá este olhar quando se associa à tarefa a obrigação de fazê-la de uma determinada maneira. Ver a figura 4.13.

Figura 4.13 – Cravar o olhar enrijecendo-o

Exercícios para restabelecer o contato

Existe uma série de exercícios destinados a restabelecer o contato. Ao mesmo tempo eles nos servem para detectar as zonas em que se manifestam as referidas interrupções e bloqueios. Entre outros, existem os seguintes:

• *Olhar intencionalmente e ver o que é que nos proibimos olhar*. Às vezes nos proibimos olhar determinadas zonas do corpo, ou desfrutar com o olhar aquela à qual se dá um caráter negativo – mórbido, indecente, provocante, etc. –, ainda que estas não sejam as únicas proibições.

• *Olhar e ser vistos, "Olhar e deixar-se olhar"*. Este exercício pode ser feito sentado ou em movimento, mas é conveniente fazê-lo das duas formas para experimentar e viver ambas as opções. A primeira leva vantagem sobre a segunda porque, ao ficarmos quietos, há menos probabilidade de desviar o olhar sem dar-se conta de algo que se está experimentando. E a segunda leva vantagem sobre a primeira porque as possibilidades de olhar o outro são maiores e mais variadas. Além disso, o movimento dá maior soltura e oferece mais possibilidades de experimentação. Ver a figura 4.14.

Figura 4.14 – Olhar e deixar-se olhar

• *Escolher e recusar através do olhar*. Faremos isto dando-nos conta do que sentimos ao fazê-lo.

• *Experimentar com diferentes tipos de olhar*. Olhares suplicantes, agressivos, dominantes, indiferentes, tristes, alegres, receptivos, etc.

• *Expor-se aos olhares dos outros enquanto nos olham*.

A respeito do órgão do ouvido e, mais concretamente, a respeito do escutar, interrompemos o contato das seguintes maneiras:

• *Elogiando da boca para fora*. Quando na realidade se despreza aquela pessoa da qual estamos falando, ou simplesmente ela nos é indiferente. Ver a figura 4.15.

Figura 4.15 – Elogiando da boca para fora

• *Quando partimos de pontos de vista preestabelecidos* – crenças, introjeções –, impedimo-nos de escutar os pontos de vista do outro de uma forma aberta e relaxada. Nestas ocasiões estamos esperando que o outro diga qualquer coisa contra o que pensamos, para saltar e atacar por esse lado, sem escutar o resto do que ele diz.

• *Quando estamos numa atitude de caçadores*, para ver onde e em que o outro está equivocado, em vez de dialogar e permitir-lhe que exponha seus pontos de vista.

• *Quando escutamos ou recordamos apenas as críticas, mas não os elogios*. Selecionamos uma parte da conversa em vez de estar atentos ao todo. Ver a figura 4.16.

Figura 4.16 – Escutar só as críticas

- *Os que ouvem só os detalhes.* Censuram o fundo em favor da estética ou da perfeição. Ver a figura 4.17.

Figura 4.17 – Os que só ouvem os detalhes

- *Os que ouvem simplificando as coisas.* É o oposto do anterior. Para estes os detalhes não têm importância. Ver a figura 4.18.

Figura 4.18 – Simplificar as coisas

Eis a seguir alguns exercícios empregados para melhorar o contato através do escutar:

• *Concentrar-se não nas palavras, mas na musicalidade das palavras, no tom ou no timbre.*

• *Repetir o que foi ouvido para ver se foi fixado nos detalhes e se foi captado o conjunto.*

• *Esperar para ouvir e escutar tudo o que a outra pessoa tem a dizer*, sem interrompê-la antes de acabar.

A respeito da voz, é conveniente:

• *Fixar-se em como são os tons*. Se são monótonos ou musicais.

• *Ver como a pessoa utiliza o ar*. Se sobrecarrega as cordas vocais ou se a voz é um fio que vai se diluindo à medida que a pessoa fala.

• *Observar se aumenta ou diminui o tom de voz à medida que transcorre a conversa*, ou se isto é feito em função do conteúdo do que diz e dos afetos implícitos naquilo que diz.

Com respeito às palavras, convém:

- *Notar como às vezes "o conteúdo ou narração" em si* é um truque para não estabelecer contato. Isto ocorre às vezes com os oradores ou com as pessoas que dependem mais da forma como dizem as coisas do que daquilo que dizem.
- *Ver como algumas pessoas repetem reiteradamente as ideias*, porque na realidade muitas vezes não têm nada a dizer, e o falar lhes serve para encher os vazios que sentem durante os silêncios.
- *Prestar atenção ao "sim... mas..."* Perls (1975b) omitia o que antecedia a um mas, pois colocar um mas atrás de uma afirmação é uma forma de abolir o que foi dito antes. Note-se a diferença entre dizer:

    Sim...................... mas...................
    Sim...................... e...................

Dizer "gostaria de ir com você ao cinema, mas não posso porque tenho de estudar" é bem diferente de dizer "gostaria de ir ao cinema com você e (opto por) ficar estudando". Com esta simples alteração fazemos a pessoa tornar-se responsável por sua decisão e não lançar a culpa no estudo. Há, efetivamente, uma escolha pela qual responsabilizar-se. Frequentemente temos várias opções entre as quais devemos escolher, e quase sempre o fazemos em função de prioridades. Neste caso, se quero ser aprovado no exame, opto por ficar estudando e talvez aceitar seu convite em outra ocasião para ir ao cinema. Assumo meu poder de optar, e não lanço a culpa no estudo. Simplesmente dou prioridade a um desejo ou necessidade e faço o outro esperar. Ver a figura 4.19.

- *Transformar as perguntas em afirmações*, e dar-se conta da diferença e das capacidades que se põem em jogo. Ademais, toda pergunta traz implícita em si mesma uma resposta que aquele que pergunta guarda para depois contrastar com a que recebeu. Esta

Figura 4.19 – Prestar atenção ao "sim... mas..."

atitude pode ser muito traiçoeira. A pergunta pode ser feita como uma forma de colocar à prova aquele que responde, ou para disputar com ele. Não raras vezes as perguntas não são formuladas para pedir informação. Há muitos caçadores dispostos a expor ao ridículo o conferencista da vez. Razões para estas atitudes? Evidentemente, a primeira coisa que sobressai é a intenção de colocar-se acima do outro, e depois os traços narcisistas de quem faz este tipo de perguntas com essa finalidade.

Com respeito ao tocar, ao contato:

Existem formas de comportamento que evitam a aproximação ou o contato direto com outras pessoas. O tabu do contato tem sido uma das grandes travas sofridas pela humanidade, com diferenças mais ou menos notáveis entre os diversos países. Podemos ver estas limitações em nível de contato nas seguintes situações:

• *Dar-nos conta de como evitamos o contato na vida cotidiana.* Ver como e quando nos afastamos ou nos aproximamos.

• *Averiguar o significado dos contatos que fazemos e das distâncias que marcamos*. Por exemplo, quando nos sentamos nos lugares públicos, como o ônibus ou o metrô. Ou como o fazemos entre pessoas que conhecemos.

• *Ver que tipo de contato evitamos*, tocar-se ou que nos toquem.

• *Dar-nos conta se temos preferência pelo contato com pessoas de um sexo ou de outro*.

Para este nível de contato utilizamos exercícios como:

1) *Tocar e deixar-se tocar.*
2) *Exercício do "cego"*. Também é utilizado para explorar a confiança-desconfiança.
3) *Abraçar. Dar-se um forte abraço*. Mas não como algo imposto do exterior. Começar com aquelas pessoas que nos provocam menos ansiedade.
4) *Exercícios de contato com diversas partes do corpo*: com as mãos, o ombro, a cabeça, etc.

Quanto ao movimento, as interpretações costumam ser, em geral, bem percebidas pelo terapeuta. O movimento de uma pessoa pode mostrar-nos sua elasticidade ou rigidez. Pode-se perceber através de diferentes aspectos, como:

- a postura;
- o gesto;
- a mímica;
- os saltos;
- agitar os braços e as pernas;
- simplesmente caminhando.

Às vezes facilitar e promover durante a terapia movimentos que parecem sem importância, pode provocar mudanças radicais na pessoa que os executa. Isto se deve ao fato de que esses movimentos têm um significado e estão carregados afetivamente, e sua execução de forma exagerada pode levar a expressar comportamentos ou expressões verbais que estavam muito reprimidos ou alheios à consciência.

Embora o gosto e o olfato tenham sido dois sentidos relegados a uma categoria secundária – quando são dois dos sentidos mais antigos, sobretudo o olfato –, em momentos de ócio podem tornar-se importantes pelas características de prazer que uma comida ou um bom perfume podem proporcionar.

Através destes dois sentidos podemos avaliar se um alimento ou um odor é agradável e, portanto, aceitável. Infelizmente, os perfumes passaram a ser os substitutos do odor corporal, ao converter-se em mensagens estereotipadas que muitas vezes são utilizadas para vender figuras ou produtos.

Para desenvolver e manter estes dois sentidos em bom estado de funcionamento, existem exercícios tais como:

- Tentar discriminar com os olhos fechados os diferentes membros do grupo através do odor.

- O mesmo pode ser feito com o sabor, utilizando diversos sabores numa comida e tentar averiguá-los.

5   O ciclo gestáltico

No capítulo anterior tratamos do tema do contato e das perturbações que podem ocorrer ao longo desse processo, desde que se inicia até seu encerramento total. No capítulo quinto vamos tratar do que se conhece como ciclo de satisfação de necessidades, como o chama Joseph Zinker.

Perls, Goodman e Hefferline (1951) foram os primeiros que descreveram as etapas do processo de contato-retirada ou o ciclo de excitação no qual se vê envolvido o indivíduo quando satisfaz suas necessidades. Foi descrito como se sucedem estas etapas no organismo e como funcionamos em cada uma delas.

Estas quatro etapas são:

• *Etapa de pré-contato*. Sensação-excitação.

• *Etapa de tomada de contato*. Nesta etapa há excitação num primeiro momento, e escolha ou rejeição das possibilidades de acordo com as necessidades emergentes, num segundo momento.

• *Etapa de contato final*. Nesta fase a percepção, a ação e o sentimento caminham a par.

• *Etapa de pós-contato*. A excitação desaparece e se transforma em relaxamento.

Na primeira etapa, ou de pré-contato, surge o desejo ou necessidade que, num primeiro momento, aparece como um conjunto de sensações que se transforma em excitação, e finalmente tomará a forma de uma figura como pode ser a fome, a sede ou qualquer outra necessidade.

A segunda etapa ou da tomada de contato é uma fase caracterizada pela ativação da energia e da ação. O sujeito mobiliza todo seu corpo para dirigir-se ao objeto que satisfaz sua necessidade.

A terceira etapa ou etapa de contato final é o momento de confluência entre o organismo e aquilo que satisfaz a necessidade: a água, o alimento, etc. Nesta fase há uma congruência entre a percepção, a emoção, o pensamento e a ação. E esta congruência permite a satisfação da necessidade e a passagem à fase seguinte.

A quarta etapa ou pós-contato é a fase da retirada do objeto de satisfação. Aparece um estado de baixa consciência enquanto se produz a assimilação e em consequência a integração e o crescimento.

Posteriormente J. Zinker (1979), discípulo direto de F. Perls, descreve as etapas do ciclo da experiência, ciclo de satisfação de necessidades ou ciclo gestáltico, como é mais conhecido atualmente.

Os Polster descrevem um ciclo da experiência que abarca oito passos, e Michel Katzeff descreve também sete etapas, já que entre o contato e a retirada introduz uma: a realização ou consumação.

As etapas do ciclo gestáltico descritas por Zinker (1979) nos parecem bastante adequadas para descrever o processo de satisfação de necessidades. São as seguintes:

1) Sensação. Num primeiro momento, a única coisa que sinto são impressões vagas e imprecisas, seguidas de uma certa inquietude, sem uma forma definida que me indique o que necessito para acalmar essa sensação.

2) Dar-se conta ou tomada de consciência. Nesta fase começo a dar forma à primeira inquietude que apareceu na fase anterior e fico de sobreaviso sobre alguma necessidade que está emergindo (sede, fome, sexo, contato, etc.). Aqui posso descrever a necessidade e dar um nome a essa inquietude que assomava anteriormente. Meu corpo

compreende o conjunto de sinais imprecisos que impregnavam minha consciência e que agora se mostram claros e definidores de uma necessidade.

3) Mobilização de energia ou energização. À medida que meu corpo tomou consciência da necessidade, desenrola-se paulatinamente uma mobilização de energia que abrange todo o meu corpo, produzindo uma energia que me convida e mobiliza à ação para conseguir aquilo que vai satisfazer minha necessidade; alguns músculos do meu corpo começam a ficar tensos, o que indica que estou entrando numa fase de energização que vai levar-me à etapa seguinte. Aparece uma mobilização de energia em todo ou parte do meu corpo.

4) A ação. Ela acontece quando meu corpo se põe em marcha para conseguir aquilo que satisfará minha necessidade, ou me afastará daquilo que preciso evitar para sentir-me seguro ou salvo. Meu corpo todo fica envolvido na ação: os músculos, a respiração, o ritmo cardíaco... A ação vai me levar a entrar em contato com o objeto de satisfação. A esta nova etapa damos o nome de contato.

5) Contato. Meu corpo entra em contato com a pessoa ou o objeto que satisfará minha necessidade. Se tenho sede, bebo água; se tenho fome, como alguma coisa; se estou cansado, repouso... A ação anterior levou-me a preencher ou satisfazer minha necessidade. Sinto-me satisfeito e em paz com meu corpo e com a necessidade que apareceu. Esta etapa é de transformação, tanto para mim como para o objeto: se é comida, ela começa a fazer parte do meu organismo e, ambos, nos transformamos. Se tive um contato amoroso, ambos que nos envolvemos nele seremos um pouquinho diferentes, porque nos influenciamos e trouxemos algo nesse ato; e assim com qualquer necessidade satisfeita. Não seremos os mesmos, mesmo sem pensar nisto. Somos afetados pelo contato devido as nossas peculiaridades e diferenças. Quando o contato é autêntico, você e eu recebemos e intercambiamos pensamentos, sentimentos, afeto, prazer...

6) Retirada. Quando a necessidade foi satisfeita com o ato de comer, beber, entrar em contato, dormir... ficamos saciados e sem interesse. Acontece então a retirada porque nosso corpo precisa recuperar-se. O organismo permanece em repouso até que uma outra necessidade e uma nova sensação force para tomar forma ou figura.

Como veremos no capítulo seguinte, em cada etapa do ciclo podem existir interrupções que impossibilitam o bom funcionamento do organismo, uma vez que este processo pode ser distorcido ou interrompido pelos diferentes mecanismos de defesa ou mecanismos neuróticos, na medida em que interferem no bom funcionamento do ciclo de necessidades.

Estes mecanismos começaram sendo quatro, como descreve Goodman (1951): projeção, introjeção, confluência e retroflexão. Mas depois apareceram mais alguns, como veremos no capítulo seguinte, embora alguns deles sejam apenas a união de dois dos anteriormente citados.

6   O neurótico e a neurose

Neurótico é aquele que está continuamente interrompendo o processo de formação e de eliminação de gestalts. Ele não percebe claramente quais e como são suas necessidades e suas emoções e, se por acaso elas vão se esclarecendo e tornando mais nítidas, trata de ignorá-las, reprimindo-as ou negando-as. Esta forma de agir o faz perder a oportunidade de completar suas gestalts e, portanto, satisfazer suas necessidades. Isto cria um contínuo estado de insatisfação.

Nunca lhe parece bom o que faz ou realiza; sempre está descontente e, faça o que fizer, acaba com a sensação de insatisfação consigo mesmo e com os outros. Desta maneira, seus intercâmbios com o ambiente sempre são pobres e deficientes, não correspondendo ao que necessita ou ao que deseja em cada momento. Ver a figura 6.1.

Figura 6.1 – O neurótico e a neurose

O neurótico nem toma do ambiente aquilo de que precisa para manter seu equilíbrio e uma sobrevivência sadia, nem contribui para dar ao ambiente aquilo que dele reclama e que serviria para conformá-lo, ao contribuir como mais um do grupo ao qual pertence. Neste intercâmbio, tanto o indivíduo como o ambiente e a sociedade vão se configurando mutuamente num contínuo dar e receber. Ambos vão se transformando por influências mútuas e, se nessa inter-relação um ou outro deixa ou interrompe este processo, ambos, ambiente e indivíduo, se verão afetados.

A pessoa deve aprender a dar-se conta de quais são suas necessidades e quais são as necessidades da sociedade ou comunidade à qual pertence, para que os intercâmbios se realizem da melhor maneira possível.

É pelo mecanismo homeostático ou de autorregulação, anteriormente mencionado, que a pessoa se dá conta de suas necessidades dominantes e de quais delas devem ser satisfeitas, se quiser conservar o equilíbrio e a saúde, tanto física como psíquica.

Mas o que acontece quando as necessidades dominantes da pessoa entram em conflito com as da sociedade? Neste caso é o indivíduo que deve distinguir se pode adiar a satisfação de sua necessidade, se acha isto factível, considerando que é melhor fazê-lo desse modo, ou se sua necessidade é tão imperiosa que tem de satisfazê-la, ainda que deva enfrentar a sociedade em que vive e, consequentemente, sua rejeição e desaprovação. Esta escolha nem sempre é fácil.

O conflito e o desequilíbrio surgem quando a pessoa e a sociedade experimentam necessidades opostas – quando se fala de sociedade referimo-nos a todas as demandas que procedem do mundo exterior, como pais, cônjuge, filhos ou o trabalho – e a pessoa é incapaz de distinguir qual é a necessidade dominante, se é a sua ou a da sociedade. É aqui que a pessoa deve tomar uma decisão precisa, se não quiser defrontar-se com a dúvida contínua e, finalmente, com a insatisfação pela decisão tomada.

Quando, porém, a pessoa não é capaz de discriminar, nem tomar uma decisão precisa, nem sentir-se satisfeita com a opção tomada, ambos, pessoa e ambiente, se veem afetados.

Este processo de intercâmbio com o ambiente pode ver-se distorcido, seja porque os intercâmbios que se realizam são pobres, ou porque são maus ou insatisfatórios para ambos, afetando o bom funcionamento. Quando isto acontece, aparecem dois tipos de sinais: uns subjetivos, isto é, todos aqueles que o paciente nos transmite (depressão, tristeza, apatia); e outros objetivos, isto é, aqueles que o terapeuta observa, como seus movimentos, seus gestos, seus comportamentos repetitivos, sua linguagem, seu olhar ou seu aspecto físico em geral.

Forças que interferem no contato com o ambiente

Na pessoa neurótica existem três forças que impedem o organismo de entrar em contato com o ambiente ou que o levam a fazê-lo de uma forma defeituosa ou deficiente.

PRIMEIRA. Se a pessoa, por seu insuficiente contato com o ambiente, não olha para a pessoa com quem fala, nem olha para os objetos que descreve e, em geral, lhe passam despercebidos todos os seus gestos, seus movimentos, seu tom de voz, etc., consequentemente seu contato com o ambiente fica muito reduzido e seu dar-se conta, através de um dos mais importantes sentidos como a vista, lhe passa despercebido. O contato da pessoa com o ambiente fica muito reduzido através do olhar.

SEGUNDA. Há bloqueio e incapacidade de expressar abertamente as necessidades e, consequentemente, a satisfação das mesmas não se realiza e a pessoa permanece enganchada e pendente. Este enganche ou detenção subtrai energia à nova necessidade que aparece, interferindo na sua clara expressão e no dar-se conta do que necessita no momento seguinte. O caminho das interrupções vai se alargando progressivamente, porque a energia não flui livremente. Ver figura 6.2.

Figura 6.2 – Os bloqueios

TERCEIRA. Como sabemos, a repressão é um dos principais mecanismos que impedem a formação de gestalts.

Para a Psicologia da gestalt, a repressão é definida como uma inibição do processo muscular, isto é, quando existe um estímulo, seja interno ou externo, que induz o organismo a responder através de uma resposta muscular, e essa resposta se inibe mediante um processo motor de contração dos músculos antagônicos, opera-se uma inibição que impede o impulso de expressar-se claramente. Esse tipo de inibição em nível muscular, caso se repita continuamente para sujeitar e deter a mesma resposta, fica gravada na configuração física, dando lugar a rigidez e alterações orgânicas. Um exemplo disto temos na expressão da raiva. Ver a figura 6.3.

Quando uma pessoa, por diversos motivos, inibe a expressão da raiva, ela o faz mediante a contração dos músculos do queixo ou dos braços. E quando esta contração dos músculos do queixo, dos braços e daquelas outras zonas inibidas se faz repetidamente, torna-se crônica, chegando inclusive a pessoa a ignorar o que bloqueia e permanecendo

Figura 6.3 – A raiva

fixas estas reações em seu corpo, dando lugar a somatizações. Ver a figura 6.4.

Figura 6.4 – A somatização

Esta repressão das emoções de raiva, de tristeza, como também de sentimentos carinhosos ou de ódio, mediante contrações motoras, pode, na hora de dar uma resposta adequada aos estímulos, fixar-se em formas habituais de comportamento não consciente, e localizar-se em diferentes partes do organismo. Esta ideia de fixação das emoções na estrutura física quando são reprimidas, foi mencionada por W. Reich e posteriormente retomada pela Dra. Ida Rolf para desenvolver a técnica do *Rolfing* ou de integração estrutural. Esta técnica, baseada na mensagem profunda da aponeurose, tem como finalidade libertar o organismo daquelas aberrações posturais que se formaram no corpo, algumas vezes causadas por traumas físicos e outras por traumas emocionais que acabaram por gravar-se e deformar partes do corpo. Com esta mensagem profunda, trata-se de afrouxar os músculos, libertando o corpo das várias tensões, ao pôr em funcionamento a energia estancada, a fim de que flua livremente. Desta maneira o corpo vai alinhando progressivamente suas diferentes partes, atuando e organizando-se de acordo com a gravidade e o equilíbrio, fazendo o corpo permanecer ereto com um gasto mínimo de energia.

RESUMINDO. O neurótico perdeu – ou talvez nunca teve – a capacidade de organizar seu comportamento de acordo com uma hierarquia indispensável de necessidades.

Literalmente, o neurótico tem grandes dificuldades para concentrar-se, porque está ruminando os assuntos pendentes, ou seja, aquelas necessidades não satisfeitas que o mantém ancorado sem possibilidade de concentrar-se em outras coisas. Esta dificuldade costuma ser uma das características sempre descrita pelas pessoas que procuram a terapia, e aquilo que apresentam como característica principal.

Através da terapia a pessoa pode aprender a distinguir as diversas necessidades que surgem em seu organismo para atendê-las sucessivamente. Deve aprender como comprometer-se totalmente e em todo momento com o que está fazendo e experimentando, sem fugir. Deve aprender a descobrir e a identificar-se com suas necessidades. Deve aprender como manter-se o tempo suficiente numa situação para completar a gestalt (necessidade), e depois, uma vez concluída, seguir adiante com outros assuntos.

Uma das características que impedem alguém de identificar-se e comprometer-se com as situações, ou permanecer o tempo suficiente numa situação, é a angústia.

A angústia

A psicanálise faz uma distinção da angústia em primária e secundária, para referir-se, no primeiro caso, à angústia que o ser humano sofre passivamente, seja mediante estímulos internos ou externos e, no segundo, à angústia que o ser humano cria de forma antecipatória e que lhe serve para mitigar o medo e a dor que sentiria diante da situação real se ela acontecesse e o pegasse desprevenido. A esta segunda classe pertence a angústia que sentimos diante do que se chama em gestalt *fantasia catastrófica*.

Para Perls, a angústia é simplesmente o medo de que nos aconteça alguma coisa desagradável. Este sentimento corresponde à reação de antecipação diante de um perigo que imaginamos; daí seu nome de antecipatória. Ver a figura 6.5.

Figura 6.5 – A angústia antecipatória

A angústia é o sintoma neurótico por excelência. Inclusive quando não é percebida com toda clareza pela pessoa que está reprimindo-a e transformou-a em inquietação ou somatizou-a, será detectada por um terapeuta experiente. Ele pode detectá-la através do aumento das pulsações, na dificuldade respiratória, no tipo de movimentos da pessoa, na abundância de gestos e palavras que aparecem no rosto ou na linguagem. A angústia aparece quando se bloqueia a excitação. O termo excitação é empregado para designar a mobilização da energia que se produz quando há compromisso e contato forte, seja este erótico, agressivo, criativo, ou como for.

Fisiologicamente, quando há excitação operam-se mudanças metabólicas que asseguram energia ao organismo. As mudanças metabólicas mais importantes ocorrem no aparelho respiratório, com um aumento na frequência e na profundidade da respiração. Pelo menos é isto que ocorre nos organismos sãos.

Ao contrário, o neurótico trata de controlar a excitação, e seu método preferido costuma ser interferir na respiração. Em vez de respirar mais aceleradamente e com maior profundidade para deixar sair a excitação, o que ele faz é criar a ilusão de estar impávido, calmo e sob controle, estreitando o peito em vez de expandi-lo, constringindo-o em vez de dilatá-lo.

Em nível orgânico percebemos isto com bastante clareza naquelas pessoas que têm um tórax afundado e constringido, dando a sensação de serem pessoas acanhadas e com pouca vitalidade, como costuma ser frequentemente.

Não se deve equiparar a angústia ao medo. A angústia é uma experiência intraorgânica, onde não há referência a objetos externos. O medo, ao contrário, é uma forma de excitação que procede de uma ameaça real. Ver a figura 6.6.

Surge algo que põe em perigo algumas facetas de nossa vida: o medo de cair no ridículo, de ficar louco, da morte, entre outros. É possível localizar o que provoca o medo; na angústia não há referên-

Figura 6.6 – O medo

cia a objetos externos, a não ser a angústia que aparece nas fobias e que se desencadeia ao aproximar-se de pessoas, animais ou coisas que o sujeito pensa que vão agredi-lo ou destruí-lo. Frequentemente ambas, a angústia e a fobia, aparecem tão concatenadas que podemos confundi-las. No caso da fobia a cães, a voar (viajar de avião), à multidão, ao vazio, etc., quando a pessoa se aproxima da situação fóbica, primeiro aparece o medo e a seguir se desencadeia a angústia, mas com um intervalo de tempo tão pequeno que as duas reações não podem ser separadas.

É certo que a repressão da excitação que precede o medo se transforma em angústia, mas muitas vezes as reações de angústia podem ser mitigadas e, em alguns casos, até desaparecer, se nos dedicamos simplesmente a respirar livre e amplamente.

A angústia geralmente aparece de forma muito sutil e mais ou menos lenta, mas só tomamos consciência dela quando alcança um certo limiar ou intensidade. Mas às vezes também pode aparecer de forma súbita, inundando o organismo de forma maciça e quase violenta. É o que chamamos ataque de angústia. O sujeito se sente invadido por uma tal quantidade de excitação que, não podendo controlá-la, acha que vai ficar louco, que vai morrer ou que teve ou vai ter um ataque cardíaco.

O tratamento da angústia deve ser indireto. É preciso descobrir a excitação e aceitá-la como própria – seja agressividade ou excitação sexual não identificada como tal.

Quando a angústia surge espontaneamente, costuma estar relacionada com necessidades genuínas do organismo – seja por excesso ou por falta. É preciso encontrar os modos e as vias para expressar e satisfazer essas necessidades. Também é preciso descobrir que músculos estão envolvidos no processo da repressão para poder trabalhar com eles e afrouxar o excesso de excitação.

Neste sentido é importante, em terapia, fazer repetidos exercícios de respiração para que a pessoa se ponha em contato com essas zonas reprimidas e reconheça os músculos que utiliza para essa constrição. São úteis também os exercícios de estirar-se e bocejar. Ambos mobilizam a energia e facilitam sua liberação.

A angústia, como fantasia catastrófica, aparece como uma ruptura entre o passado e o presente, ou entre o presente e o futuro. É um escapar do presente pensando no futuro, é uma fantasia do que poderia ocorrer nesse futuro, e o medo do vazio e a incerteza do que possa ocorrer. Isto vem a ser o que pensa Perls a respeito da angústia. A angústia teria sua origem na fratura que se cria quando escapamos do presente, ocupando-nos com fantasias catastróficas de que algo negativo nos vai acontecer, ou quando associamos situações presentes com passadas que foram geradoras de ansiedade.

Uma das principais finalidades da terapia gestáltica é fazer a pessoa *aprender a estar no aqui e agora* para *dar-se conta* de suas necessidades em cada momento, para satisfazê-las à medida que vão aparecendo e não acumular dilações que a impedem de seguir adiante.

Existem no ser humano dois tipos de necessidades fundamentais para sua sobrevivência: necessidades físicas como comer, beber, etc.; e necessidades psicológicas, entre as quais sobressai a necessidade de contato, da qual já falamos.

Todas têm sua origem no organismo, implicando-se mutuamente e influindo umas nas outras. Cada parte do organismo tem sua função. O sistema respiratório tem a função de tomar o oxigênio do ar e expulsar o anidrido carbônico que se produz na combustão dos alimentos. O aparelho digestivo tem a função de tomar os alimentos e transformá-los em elementos mais simples para alimentar todas as nossas células. Neste processo intervêm diversos órgãos como a boca, o esôfago, o estômago, o fígado, o pâncreas, o intestino, etc. e cada um, por sua vez, tem sua função e sua incumbência. Quando um deles adoece, o estado geral do ser humano se vê afetado de uma forma mais ou menos grave, conforme a gravidade do dano produzido no órgão. E isto influi não só no estado energético e vital do indivíduo, mas também em seus estados de ânimo.

Este é o organismo como totalidade. E cada um de seus elementos, quando é afetado, tanto pelo entorno como por sua própria fragilidade, influi na totalidade. O mecanismo homeostático nos avisa a respeito dos desequilíbrios provocados no nosso organismo, para que providenciemos ações próprias para reorganizá-lo.

O que é a neurose?

Perls (1975b) pensava que a neurose se desenvolve quando os mecanismos de contato com o meio se alteram, ou seja, quando não estão claros os limites de contato com o meio em que se vive. Neste caso, podem ocorrer duas alternativas: ou os mecanismos homeostáticos ou de autorregulação não funcionam adequadamente, impedindo o desenvolvimento normal e o intercâmbio com o ambiente, ou o indivíduo não executa as ações necessárias para restabelecer o equilíbrio.

Suponhamos os dois extremos do limite de contato: um contato nulo, por um lado, e um contato extremo, por outro. Em ambos o contato aparece distorcido: em um por falta, e no outro por excesso. Para estes dois extremos e para compreendê-los melhor, Perls coloca dois casos-limite, como o psicopata criminoso e o neurótico inibido.

No primeiro caso, o da psicopatia, vemos que na busca da satisfação de suas necessidades e desejos o indivíduo se excedeu, chegando a transgredir os limites da sociedade. Quebra as normas que tornam possível a convivência e não respeita os limites e necessidades dos outros, como o direito à vida, à propriedade ou qualquer outro. Desta maneira, define-se tradicionalmente o criminoso como aquele que toma para si funções que se definem como prerrogativas da sociedade ou do Estado, e que regulam o respeito e a convivência pacífica dos indivíduos entre si.

No outro extremo estaria a pessoa que, por inibições, medos ou outras razões, afasta-se cada vez mais da sociedade, permitindo que esta exerça uma pressão exagerada, sobrecarregando-se com exigências e afastando-se ao mesmo tempo do viver e do acontecer social. Com muita frequência permite ser moldada pelo meio em que vive de uma maneira excessiva, ao mesmo tempo que evita influir de uma forma aberta e decisiva nesse meio ao qual pertence. O sujeito recebe tudo isto passivamente, sem oferecer nenhum tipo de resistência ou oposição. Esta atitude de extrema sujeição estaria no lado oposto do que ocupa a psicopatia. Entre esses dois extremos situa-se a maioria dos indivíduos que conformam qualquer sociedade.

O neurótico não consegue ver claramente quais são suas necessidades e, consequentemente, não pode satisfazê-las adequadamente.

Não raras vezes se desvaloriza tanto diante da sociedade que se sente incapaz de realizar qualquer ação para transformá-la. Não é capaz de ver suas necessidades e, se as vê, não se atreve a fazer alguma coisa que possa satisfazê-las. No caso do psicopata, também ele não consegue ver as necessidades dos outros porque, por sua vez, ele também não consegue distinguir adequada e claramente entre ele mesmo e os outros. Há uma espécie de confluência de necessidades. Para ele, suas necessidades são as necessidades dos outros e, no caso de notar as diferenças, pouco lhe importa se os outros as satisfazem ou não.

Para Perls, o desequilíbrio surge quando a pessoa e o ambiente experimentam necessidades diferentes, e a pessoa não é capaz de distinguir qual é a necessidade dominante, se é a sua ou a do ambiente ou do grupo ao qual pertence. O grupo pode ser qualquer um dos vários em que se encontra imersa desde que nasceu e ao longo de sua vida, como o Estado, o grupo de trabalho, o círculo social ou a família. Às vezes também surgem conflitos entre os grupos de pertença.

Tomar uma decisão concreta e eficaz é fundamental para satisfazer as necessidades mais primordiais. Quando a discriminação não é boa e a pessoa não faz um bom contato com o ambiente, nem se retira adequadamente, ambos se veem afetados. E, a partir daí, começam a aparecer os sintomas ou sinais que podemos perceber no mau funcionamento organísmico, com a lenta e progressiva implantação da neurose e, junto com ela, todos os sintomas característicos, entre os quais se destacam perturbações como:

• Percepção distorcida da realidade.

• Angústia, que pode somatizar-se corporalmente e influir no aparecimento de doenças.

• Comportamentos negativos para a pessoa: autopunitivos ou destrutivos.

• Isolamento, com a conseqüente perda nos intercâmbios com o entorno, e a insatisfação que isto cria em todos os níveis.

Estratos da neurose

A neurose, de acordo com Perls (1975a), desenvolve-se em cinco estratos facilmente identificáveis, que passamos a enumerar e estudar:
- estrato falso;
- estrato fóbico;
- estrato do impasse;
- estrato implosivo;
- estrato explosivo.

Estrato falso

Este é o estrato em que representamos papéis. Representamos ser aquilo que não somos, e atuamos como se fôssemos desta ou daquela maneira, dependendo da situação e do momento. Ver a figura 6.7.

Figura 6.7 – Representar papéis – O progressista, a moderna, o brigão

Esta forma "como se..." nos faz atuar sempre de acordo com um conceito ou ideia criados por nós ou pelos outros; este ideal corresponde tanto a ideias nossas como a ideias inculcadas por outros, como pais, professores, amigos que admiramos, meios de comunicação, etc.

Perls considera que este ideal do eu é uma maldição, pois é um intento de apartar-nos de nós mesmos para sermos de outra maneira, distinta da que somos. O resultado é que a pessoa renuncia a viver para si mesma, chegando a viver para um conceito e para a realização desse conceito. É assim que ela começa a alienar-se, a rejeitar partes de si mesma e a adotar outras que não correspondem a seu ser mais íntimo e real. Começa a afastar-se cada vez mais de seu centro, e pouco a pouco vai perdendo a própria identidade, transformando-se naquilo que ela não é. A situação extrema é a despersonalização e a perda do eu como motor da autenticidade e da saúde.

Perls, para demonstrar a incongruência do ser humano e o absurdo a que pode chegar seu comportamento a este respeito, dá-nos o exemplo do elefante que queria ser uma roseira e da roseira que pretendia ser um canguru. Visto assim, fora de nós, parece ridículo que um elefante queira ser uma roseira e a imite. Pois bem, é isto que acontece ao ser humano com a alienação a que pode chegar pela não aceitação do que ele é.

Estrato fóbico

Como vimos anteriormente, o estrato falso ou o dos papéis que representamos nos serve para ocultar-nos diante da dificuldade de aceitar as experiências desagradáveis, e para evitar a angústia que se criaria, se nos víssemos exatamente como somos: egoístas, preguiçosos, medrosos, irritáveis, etc. Todas estas nossas características que rejeitamos são substituídas por outros comportamentos ou formas que achamos mais aceitáveis ou mais valorizadas por nós ou pelos outros. Neste estrato, negamos ser como somos e tratamos de ser tal e qual nosso ideal nos dita. Podemos chegar a alcançar tal grau de alienação, como no caso da anorexia, que a distorção da percepção passa inadvertida.

No estrato fóbico nos tornamos evitativos. Neste estrato encontram-se os "não devo": "não devo sentir tal coisa", "não devo fazer isto ou aquilo", "não devo ser desta ou daquela maneira", etc.

Neste estrato está funcionando o que os psicanalistas chamam superego e o que Perls (1974) denomina "cão de cima", aquele que sempre está nos dizendo o que devemos e o que não devemos fazer. São todas as normas, proibições e demais regras que introjetamos em nós quando éramos crianças, e que nos serviram para evitar a angústia de aproximar-nos de algo ou de fazer determinadas coisas, de ser desta ou daquela forma que não seria bem vista segundo nossa visão da vida ou a visão do nosso entorno. Ver a figura 6.8.

Figura 6.8 – Estrato fóbico

Estrato do *impasse*

Neste estrato aparece a sensação de não estar vivo. Caminha-se pela vida como um autômato. Sentimos que não somos, que somos como objetos que são manipuláveis. O *impasse* se dá quando se tem a sensação de estar impedido, de não poder ir para frente nem para trás; daí seu nome. Se prestássemos um pouco de atenção quando caminhamos pela rua ou subimos em algum transporte público, poderíamos observar isto com muita frequência. As pessoas não riem, não gesticulam nem mostram grandes diferenças em seus rostos que nos indiquem seus sentimentos ou a riqueza de matizes que a vida e a experiência apresentam. Há seres humanos que estão sempre de mau humor diante da vida, como se fossem incapazes de sair desse estado e olhar a vida com a bela variabilidade que encerra. Para estes, a vida se converte num calvário que afeta irremediavelmente todos aqueles que os rodeiam. É a fixação num estado emocional único diante da vida. Ver a figura 6.9.

Figura 6.9 – Estrato do *impasse*

Estrato implosivo

No estrato implosivo a pessoa voltou-se totalmente sobre si mesma, imobilizando sua energia. Encontra-se imobilizada num beco sem saída e aprisionada em si mesma. Não percebe que pode ir para frente ou para trás. É um ponto de paralisação e um período de estancamento da energia. Exteriormente pode-se perceber isto como um estado de embotamento, de falta de ação e interesse pela vida. Os matizes e as cores desaparecem do campo entorno-indivíduo. É a fase da paralisação, da falta de interesse pelo que nos rodeia e inclusive pela própria vida, é a indiferença causada pela repressão de todo o afetivo. Ver a figura 6.10.

Figura 6.10 – Estrato implosivo

O paciente dá a impressão de ser um cadáver ambulante. Neste estrato o intercâmbio com o ambiente foi quase totalmente cortado. A pessoa mostra uma total indiferença por tudo. Há falta de sentimentos e de capacidade de emocionar-se, para sentir e para agir com toda a plenitude de seu ser.

Estrato explosivo

Neste estrato opera-se a passagem do neurótico – no sentido de bloqueio, repressão e imobilização – para a fluidez e o estar à vontade dentro da própria pele. Este é o último estrato neurótico e se manifesta quando a pessoa atravessa o estrato implosivo. O final deste estrato é o prognóstico do começo de uma fase de abertura, liberdade e sensação de sentir-se finalmente vivo.

Para Perls, esta progressão ou passagem pelos diferentes estratos é necessária para se chegar a ser autêntico e real.

O estrato explosivo aparece quando a energia retida, imobilizada e reprimida rompe as barreiras, invade e inunda totalmente a pessoa, dando-lhe, num primeiro momento, a sensação de angústia e de medo, para depois transformar-se numa sensação de vida nova e de plenitude, e numa grande sensação de liberdade. Todo o corpo se vê inundado por essa energia bloqueada, proporcionando uma vivência de expansão dos limites que, como é óbvio, se produz. A sensação de ocupar maior espaço no mundo, de sentir o corpo maior, poderoso e pleno tem a ver com a explosão e a expansão da energia bloqueada. Tudo se amplia. A respiração se torna mais profunda, como se chegasse a todos os rincões de nosso ser; o mundo se torna colorido e a vida se enche de novos sons, cores, perfumes, sabores...

Segundo Perls, a explosão tem quatro formas diferentes de produzir-se mediante rompantes de:
- alegria;
- aflição ou pranto;
- orgasmo;
- ira ou raiva.

Ver a figura 6.11.

Quando o montante de energia bloqueada foi muito grande, a explosão que se produz também é grande e forte. As pessoas que tiveram a oportunidade de viver esta experiência, uma vez que a ultrapassaram experimentam uma intensa sensação de estarem vivas.

As emoções e os sentimentos são vividos com uma força e intensidade muito maiores e, pela primeira vez em muito tempo, operam-se mudanças muito profundas em sua forma de estar no mundo e de relacionar-se com os outros e consigo mesmos.

Figura 6.11 – Formas de explosão

Com frequência, quando este estrato começa a ser sentido pela pessoa, ela experimenta uma forte angústia. Por isso muitas pessoas, um vez iniciada esta fase, ficam encalhadas e voltam novamente ao estrato fóbico-evitativo. Com isto inicia-se de novo o estancamento da energia e se produz um novo retrocesso na fase de mudança.

A integração é um processo que nos leva à maturação, mas que costumamos impedir ativamente levantando barreiras emocionais e dessensibilizando-nos. O desgosto, a ansiedade, a vergonha e o medo são as grandes barreiras que interpomos ao nosso desenvolvimento e à integração de nossas partes alienadas.

Todas as energias que colocamos nestas barreiras, e que nos impedem de viver novas experiências, devemos trazê-las à luz e transformá-las em energias cooperadoras. Enquanto estas energias ficam bloqueadas, continuamos aferrados a comportamentos repetitivos, e nosso processo de maturação continua parcial ou totalmente parado, em função da energia aplicada.

Queremos ressaltar a importância da aprendizagem no crescimento e na ampliação de nossos limites.

As experiências nos proporcionam uma visão mais variada e mais rica do mundo. A abertura a novas vivências, e a possibilidade, sempre aberta, de aventurar-nos a viver e sentir a vida fomenta nossas capacidades e melhora as aprendizagens e os intercâmbios que se fazem.

Não queremos terminar este espaço dedicado à neurose sem insistir na necessidade ineludível de sair de nossos estreitos limites infantis, de arriscar-nos a buscar e abrir novos horizontes, assim como de manter-nos abertos às experiências que a vida nos oferece. Como vimos, expandir nossas fronteiras do familiar ou do conhecido coloca-nos diante da incerteza e do sentimento de não saber como manejar-nos, de não saber como desenvolver-nos, e esse risco do incerto frequentemente nos envolve em medos, em fantasias catastróficas e, inclusive, em sensações de aniquilamento que fazem naufragar qualquer tentativa razoável de experimentação e de mudança.

Se existe algo transformador de nossas vidas, crenças e valores, se existe algo valioso para o nosso crescimento, abertura e compreensão do mundo, é a experiência e a aprendizagem que dela deriva. Cada vez que aprendemos algo novo, permitimos que algo do entorno se incorpore ao nosso mundo interno – que nos deixe sua pegada – e, ao juntar-se o interno com o externo, nossas células ficam impregnadas por toda nova experiência e cada nova aprendizagem – as experiências sempre dão origem a aprendizagens, embora sejam imperceptíveis. É isto que mais nos transforma e nos convida a continuar o processo da vida, cujo maior êxito está em alcançar o pleno desabrochar e a mais ampla transformação criativa. Chegar a ser tudo que levamos dentro de nós: isso, em última análise, é a autorrealização, a plena expressão de nosso ser no mundo.

Finalização do tratamento

O tratamento termina quando o paciente alcançou objetivos básicos, como:

- Uma *mudança de perspectiva* na forma de enfrentar a vida. Transformou os velhos padrões e crenças em outros que lhe proporcionam maior satisfação e liberdade para expressar-se e para viver.
- *A aquisição de uma técnica adequada de* autoexpressão e assimilação. Ser como me expresso e expressar-me como sou.
- A habilidade de *estender sua capacidade de dar-se conta* em um nível além do verbal: o corporal, o espiritual, o criativo, o intuitivo, etc.
- A destreza para não colocar obstáculos ao conhecimento, à aprendizagem e à experiência, que são a base da transformação e da mudança.

Estes quatro objetivos levam o paciente a alcançar um estado de integração que facilita o próprio desenvolvimento, com um autoapoio que nasce da capacidade de escolher ou de recusar, e não do medo de ser rejeitado ou de ser escolhido. Ele aprende que o contato significa a aceitação das diferenças, e por isso não precisa manter-se numa atitude isolada ou de confluências com o ambiente. Desenvolve uma capacidade melhor para integrar as relações interpessoais de uma forma não servil, nem sacrificando a autorrealização, mas selecionando os contatos de forma que contribuam para uma vida rica e produtiva, em função de suas capacidades e necessidades autênticas.

Zinker (1980) assinala os objetivos que se pretende alcançar com uma terapia, resumidos em oito pontos:

1) Fomentar uma maior consciência de si mesmo como pessoa: de seu corpo, seus sentimentos e seu ambiente.

2) Aprender a não projetar os desejos ou necessidades nos outros.

3) Aprender a dar-se conta das necessidades, e a desenvolver os mecanismos e as habilidades necessários para conseguir sua satisfação, sem atentar contra as dos outros.

4) Desenvolver e fomentar a capacidade de apoiar a si mesmo, em vez de procurar culpar os outros, lamentar-se dos outros ou reprová-los para conseguir o que se deseja.

5) Tornar-se mais sensível a tudo que o rodeia, ao mesmo tempo que aprender a desenvolver aqueles mecanismos ou couraças que o protegem contra situações destrutivas ou peçonhentas.

6) Aprender a assumir a responsabilidade por seus atos e pelas consequências deles.

7) Sentir-se mais cômodo em contato com sua vida de fantasia, mais criativo, com mais expressão nestes dois campos.

8) Aprender a dar-se conta da linguagem de seu organismo e dos sinais através dos quais ele se expressa.

7 Os mecanismos neuróticos: como se desenvolvem

O neurótico é aquele sobre o qual a sociedade atua com muita força, ou aquele que procura influir de forma destrutiva sobre os outros sem respeitar sua individualidade. Sua neurose é uma manobra defensiva ou ofensiva para proteger-se da ameaça de ser esmagado por um mundo avassalador, o que acaba convertendo-se em sua técnica para manter o equilíbrio da melhor maneira que sabe e aprendeu, seja por identificação ou por rebeldia.

Perls (1975a) indica que há quatro mecanismos que operam nas perturbações do limite de contato:
- a introjeção;
- a projeção;
- a confluência;
- a retroflexão.

Posteriormente foram acrescentados outros três para explicar outras formas neuróticas de funcionar:
- o egotismo;
- a deflexão;
- a proflexão.

A seguir, uma vez descritos estes sete mecanismos, vamos acrescentar mais dois provenientes da psicanálise, como estes:
* a racionalização;
* a negação.

Ainda que, nas neuroses, as perturbações no limite de contato se deem principalmente através destes mecanismos, não seria nada realista dizer que um determinado tipo de neurose se deva exclusivamente a um destes mecanismos isoladamente. Também não se pode afirmar que uma confusão a respeito do limite dê origem a uma neurose. É evidente que se criam situações que levam ao que, em psiquiatria, se chama neurose traumática. Este tipo de neurose surge como uma tentativa de defesa para proteger-se de uma situação aterradora ou de um forte choque ambiental, como, por exemplo, nas guerras ou numa situação específica como seria a que experimentaria uma criança pequena ao ser presa por seus pais num lugar escuro durante horas ou até durante toda uma noite. No entanto, as perturbações neuróticas não acontecem de forma tão radical e dramática, mas geralmente vão surgindo paulatinamente. São as interrupções e interferências no processo de crescimento, assim como as situações de carência mais ou menos contínuas e de perigo que vão minando ou enrijecendo os limites. Estes comportamentos que a criança vai aprendendo e criando vão se tornando cada vez mais rígidos, se ela acredita que são os mais adequados para sobreviver e para fazer os intercâmbios com os adultos.

A introjeção

O ser humano cresce mediante o exercício da capacidade de discriminar, e diferenciar, de escolher e de agir para satisfazer suas necessidades. Isto se consegue mediante o intercâmbio contínuo entre o organismo e o ambiente, que pode ver-se distorcido. Neste caso, estaria comprometido seu bom funcionamento.

É fácil observar o processo de crescimento mediante a desestruturação, a digestão e a assimilação do ponto de vista fisiológico. Crescemos e nos mantemos vivos por meio dos alimentos que mastigamos e digerimos. O alimento físico, uma vez digerido e assimilado, passa a fazer parte de nós mesmos, convertendo-se em ossos, músculos, sangue. Aqueles alimentos que engolimos, não porque queremos mas por obrigação ou por qualquer outra causa, permanecem no estômago sem serem digeridos, provocando incômodos, desejos de vomitar e vontade de expulsá-los do nosso interior. Se reprimimos nossas náuseas e desejos de desfazer-nos deles, então conseguimos finalmente digeri-los dolorosamente. Às vezes eles nos intoxicam, chegando à indigestão ou à cólica. Ver a figura 7.1.

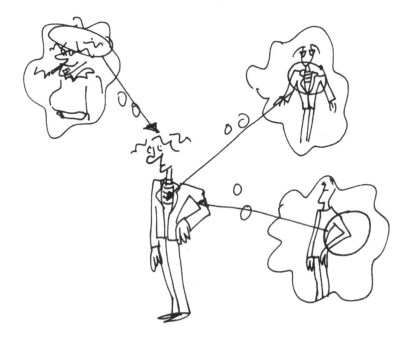

Figura 7.1 – A introjeção

O processo psicológico da assimilação é bem parecido com o processo fisiológico. Assim, por exemplo, os conceitos, padrões de comportamento, valores morais, éticos, estéticos, políticos, etc., todos eles procedem do mundo exterior. E parece que não há nada que, de algum modo, não proceda do ambiente, como tampouco não há nada no ambiente para o qual não haja uma necessidade do organismo, seja física, fisiológica ou psicológica. Mas todos estes conceitos ou valores devem ser digeridos para converter-se em próprios, em partes integradas de nós mesmos e que façam parte de nossa personalidade. Porém, se simplesmente aceitamos tudo sem críticas, se aceitamos as palavras dos outros, seja por dever ou por ser de bom gosto ou educação, então permanecem como peso em nós, como os alimentos que não são digeridos; continuam sendo corpos estanhos, embora estejam em nossa mente e em nosso comportamento. Estes modos de agir: atitudes, ideias, juízos ou avaliações sem digerir, chamam-se *introjetos*, e o mecanismo mediante o qual estes corpos estranhos se agregam à personalidade chama-se *introjeção*.

Às vezes este processo de engolir tudo inteiro tem certa utilidade. Temos o caso do estudante que na noite anterior a um exame devora conhecimentos apressadamente para tirar uma nota aceitável. Mas se ele pensa que aprendeu algo de seu estudo forçado, está iludido. Pois, se lhe perguntarmos seis meses depois, ele não se recordará de quase nada, porque terá esquecido, poderíamos dizer, quase tudo, no decorrer desse tempo.

O perigo da introjeção é duplo: primeiro, a pessoa que introjeta tem a oportunidade de desenvolver sua própria personalidade, uma vez que está muito ocupada retendo os corpos estranhos alojados em seu sistema. E, em segundo lugar, porque a introjeção contribui para a desintegração e a alienação da pessoa. Se alguém "engole" dois conceitos incompatíveis, vai encontrar-se interiormente em conflito e como que em pedaços, tratando de reconciliá-los. Hoje em dia esta é uma das experiências que mais frequentemente ocorre nos seres humanos: mensagens contraditórias, atitudes opostas, valores em contradição, etc.

Isto se demonstra de maneira bem patente na atual crise de consciência, na ruptura de valores sem que sejam substituídos por outros mais congruentes e que sejam suficientemente satisfatórios para a forma de vida de cada indivíduo. Achamos que a proliferação de seitas religiosas, grupos, terapias, etc., tanto nos Estados Unidos como em outros países desenvolvidos, deve-se precisamente a este fato e à necessidade de algumas pessoas de encontrar algo que preencha sua vida ou que lhe dê sentido.

A introjeção, como já dissemos, é o mecanismo neurótico mediante o qual incorporamos dentro de nós padrões e modos de agir e de pensar que não são verdadeiramente nossos. E se durante a nossa infância é um mecanismo de aprendizagem, uma vez que a criança utiliza a identificação para a aprendizagem e o crescimento, a introjeção indiscriminada leva à neurose.

Existem alguns exercícios muito úteis para constatar nossa capacidade de introjetar ou assimilar. Consistem em tomar o tempo suficiente para dar-nos conta de como: comemos, lemos, etc. Será que comemos apressadamente, a grandes bocados, ou devagar e mastigando bem os alimentos? Existe alguma relação entre a forma de comer e a forma de ler? A pessoa digere tudo que lê ou aprende? Dar-nos conta destas duas funções tão cotidianas pode ajudar-nos a descobrir nossas principais atitudes diante da vida.

A projeção

É o mecanismo contrário ao da introjeção. Assim como na introjeção a tendência da pessoa é responsabilizar-se pelo que fez o ambiente, a projeção é a tendência de responsabilizar o ambiente pelo que ela fez. O caso extremo da projeção se dá clinicamente na paranoia, na qual uma personalidade altamente agressiva, que é incapaz de aceitar seus desejos e sentimentos, defende-se da melhor maneira possível, atribuindo-os a objetos ou pessoas do ambiente. Na verdade, sua ideia de que é perseguida é a confirmação de seu desejo de perseguir os outros.

Mas a projeção também existe em formas menos extremas. Devemos distinguir entre projeção e mera suposição. Como exemplo temos o caso do jogador de xadrez que se coloca no lugar do outro para ver qual será a jogada seguinte de seu adversário. Neste caso, embora haja uma projeção do que ele pensa que o outro vai fazer, sabe também que isso é só uma suposição e não algo que vai acontecer exatamente como ele pensa e imagina.

A afirmação que ouvimos tão constante e diariamente "Estou com dor de cabeça" é um claro exemplo de projeção. Tratamos nossa cabeça como se fosse algo estranho e alheio a nós, quando na realidade deveríamos dizer: "Minha cabeça está doendo", e inclusive avançando um pouco mais em nossa integração e em nossa responsabilidade deveríamos dizer: "Faço minha cabeça doer".

A projeção é um mecanismo que tende a desapossar-nos daquelas partes de nós mesmos que dão origem àqueles impulsos projetados e negados. Ver a figura 7.2.

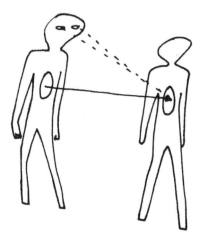

Figura 7.2 – A projeção

Desta maneira, a pessoa, em vez de ser um participante ativo de sua própria existência, converte-se num objeto passivo, vítima dos outros e das circunstâncias.

A projeção é um traço, atitude, sentimento ou comportamento que, pertencendo ao sujeito, ele o atribui a outro. Acha que vem do ambiente e dos outros para ele, em vez do contrário, que é algo seu que ele atribui a outro ou a outros. As projeções costumam ser características nossas que rejeitamos: agressivas, sexuais, perseguidoras, etc. Este mecanismo serve para interromper a excitação que não podemos aguentar ou aceitar. O ciúme é um comportamento que pertence a este mecanismo projetivo. Outro tipo de projeção são os preconceitos de classe, de gênero, físicos, intelectuais, etc.

Podemos distinguir dois tipos de projeções: as projeções negativas que são os aspectos ou características dos outros que não nos agradam e também as nossas características de que não gostamos, que não aceitamos como nossas e recusamos insistentemente; e as projeções positivas que são características que nos agradam nos outros porque achamos que não as temos.

A confluência

A confluência se dá quando a pessoa e o ambiente se confundem. O sujeito não percebe nenhum limite entre ele e o ambiente, sentindo que é um com ele. Ver a figura 7.3.

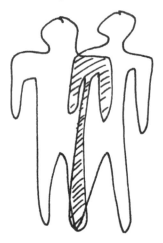

Figura 7.3 – A confluência

As crianças recém-nascidas vivem em confluência. Não distinguem entre dentro e fora, nem entre elas e os outros. Esse estado também acontece nas situações de êxtase ou concentração extrema nas pessoas adultas. Não existem limites entre o eu e os outros, entre a pessoa e o ambiente.

Quando o estado de identificação é total e crônico, quando o sujeito é incapaz de ver a diferença entre ele e o resto do mundo, então está psicologicamente doente. Não pode vivenciar-se a si mesmo, pois perdeu todo sentido de si. Não sabe quem é nem até aonde chega; esqueceu, ou talvez nunca soube, o que o diferencia dos outros, e perdeu a capacidade de ver-se e perceber suas necessidades, inclusive as biológicas.

A confluência patológica traz graves consequências sociais. Na confluência exige-se a semelhança e nega-se a tolerância às diferenças. Muitas vezes encontramos este comportamento em pais que consideram seus filhos como meros prolongamentos ou extensões deles, manipulando-os, para que os filhos façam e sejam segundo o que eles querem. Se os filhos se opõem a esta manipulação, se não se identificam com as exigências de seus pais, poderão contar com sua rejeição e com o medo da alienação: "Você não é meu filho", "Eu não quero um filho tão travesso", "Se você fosse como seu pai ou sua mãe...", e outras expressões semelhantes. A consequência negativa é o medo de ser. Ver a figura 7.4.

Figura 7.4 – O medo de ser

Enquanto não se toleram as diferenças e enquanto cada nação ou cada pessoa exige que todas as outras sejam ou devam ser ou agir segundo um padrão ou um ponto de vista, o conflito e a confusão hão de perdurar. E enquanto as diferenças não forem aceitas, serão perseguidas. Porque são precisamente as diferenças entre os seres humanos que nos enriquecem e nos trazem conhecimentos e novas experiências.

A retroflexão

Literalmente reflexão significa "voltar-se para si mesmo".

Como vimos, o introjetor faz o que os outros querem que ele faça. O projetor faz aos outros o que ele acusa os outros de fazer a ele. A pessoa que está em confluência patológica com os outros não sabe quem faz o quê a quem. E o retrofletor faz a si mesmo o que gostaria de fazer aos outros. Ver a figura 7.5.

Figura 7.5 – A retroflexão

O retrofletor é o pior inimigo de si mesmo. Em vez de redistribuir suas energias para conseguir atuar no ambiente ou promover uma mudança nele, e manejar a situação de modo que satisfaça certa necessidade, dirige a atividade para si mesmo e substitui-se pelo ambiente como objetivo de comportamento, fazendo-se a si mesmo o que gostaria de fazer ao outro. Dirige sua energia de forma equivocada, convertendo-se no objeto de sua ação no lugar do entorno.

A origem da retroflexão encontra-se nos castigos infantis. Quando uma criança procura influir ou agir sobre seu ambiente de um modo que não é aceito, pode ser castigada física ou psicologicamente; como consequência, chega a bloquear a expressão dessa necessidade. Se a criança é tratada assim várias vezes, para não ter de sofrer novas punições e frustrações, renuncia à satisfação dessa necessidade.

Desta situação podem derivar posteriormente dois tipos de comportamento. Um, no qual a criança aprende a conseguir o que quer manipulando o ambiente; e outro, na qual se reprime ou inibe, e o que começou sendo um conflito com o ambiente converte-se num conflito entre uma parte de si mesmo que necessita de algo, e outra parte que não o permite. Estaria funcionando a luta constante entre o "cão de cima" e o "cão de baixo", entre o opressor e o oprimido.

A retroflexão manifesta-se no uso do pronome "eu" quando realmente quer significar "eles" ou "você". Por exemplo, o retrofletor diz: "Tenho vergonha de mim mesmo", como se o si mesmo fosse outro diferente do eu mesmo. Desta maneira o retrofletor é aquela pessoa que luta continuamente consigo mesma, contra tudo o que vê de si e não lhe agrada, ou acha que não agrada ao mundo.

O tratamento da retroflexão é mais simples do que o de outros mecanismos. Só é preciso mudar a direção do ato retrofletido de dentro para fora, mas surge o temor, porque a maioria das retroflexões costumam ser agressões, e é evidente que é mais fácil dirigi-las a si mesmo do que lançá-las para fora, sobretudo nas etapas da vida em que há maior dependência dos adultos. Desta forma não há sentimento de culpa nem medo de represálias.

A retroflexão também inclui aquilo que alguém quis dos outros, como adulação, compreensão, amor ou ternura, e não se atreveu a pedir, porque em alguma ocasião foi desvalorizado, ridicularizado ou envergonhado.

Há três formas muito importantes de retroflexão: uma é a *compulsão*, na qual alguém se obriga de tal modo que acredita que a obrigação vem de fora para dentro. Há vezes em que esta obrigação vem, sim, de fora, mas o compulsivo está se obrigando permanentemente e obrigando os outros. Quando uma pessoa se obriga a fazer algo em terapia, nós lhe sugerimos que observe "O que faria e como o faria a outro para que fizesse o que ela se sente obrigada a fazer". Quando se diz "Eu devo fazer esta ou aquela coisa", perguntamos: Quem é que diz que "eu devo fazer esta ou aquela coisa?" Com esta pergunta queremos que o paciente busque a origem desta ou daquela imposição, ou o sujeito que primeiro impôs essa obrigação. Isto vai permitir-nos descobrir as figuras de sua época infantil, diante das quais ele se submeteu para evitar seu enfado e castigo, ou para ser aceito e querido por essas figuras.

A segunda forma de retroflexão são *os sentimentos de inferioridade*. É evidente que, quando a relação consigo mesmo está perturbada, também o estarão as relações interpessoais. Quando alguém se sente inferior, de alguma maneira trata de modo inferior outras pessoas, pretendendo com isto encobrir sua arrogância.

A terceira forma de retroflexão é aquela que se transforma em *sintomas corporais* resultantes de retroflexões malsãs. As dores de cabeça por tensão muitas vezes estão substituindo a gana de retorcer o pescoço de outra pessoa, e outras encobrem a vontade de chorar reprimida. As afecções da garganta podem ter a mesma origem, ou algo que alguém tragou e depois bloqueou, com o fim de evitar sua expressão.

Estes quatro mecanismos, descritos mais acima, só constituem neuroses quando são inadequados e crônicos. Todos são úteis e necessários naquelas ocasiões que implicam perigo. A introjeção é boa quando, por exemplo, se trata de fazer exame de uma disciplina, da qual não gostamos, nem nos serve para nada, mas temos que ser aprovados nela, porque faz parte do curso que queremos fazer. A projeção pode ser muito proveitosa e criativa em situações nas quais alguém precisa planejar e antecipar. A pessoa se coloca na situação e assim, de algum modo, melhora o projeto. A retroflexão é boa quando a pessoa tem impulsos assassinos contra alguém, ou sentimentos excessivamente destrutivos que, se fossem levados a cabo, produziriam efeitos devastadores para o ambiente e para a própria pessoa. A confluência é positiva quando é necessária para a coesão de grupos e unificar critérios. Não obstante, estes mecanismos utilizados indiscriminadamente são negativos, entre outras razões porque impedem que nos demos conta de nossas necessidades, ou que nos vejamos a nós mesmos em relação com o entorno em particular, e com o mundo em geral.

O egotismo

Este mecanismo foi descrito por P. Goodman (1951) em *Gestalt Therapy: Excitement and Growth in the Human Personality*. Sua função principal é aumentar e fortalecer a fronteira do contato, mediante o engrandecimento narcisista do ego. Há um incremento defensivo do eu, em detrimento do outro ou dos outros. Está muito próximo do narcisismo, porque o egotista antepõe suas necessidades às do entorno, e às vezes pode pecar por certa psicopatia.

Este é um mecanismo que a terapia gestalt propicia durante o processo terapêutico, e que ocorre enquanto a pessoa se torna responsável por suas necessidades e trabalha em sua consecução; isto é, durante um tempo, é uma passagem necessária para diminuir a inibição e fomentar o autoapoio e a responsabilidade por si mesmo. Não obstante, este é um mecanismo que deve ser dissolvido ao longo do processo terapêutico; caso contrário, teremos feito de um inibido um narcisista. Este é um dos perigos da terapia gestalt ao apoiar a autoafirmação e o autoapoio, mas este mecanismo é necessário durante certo tempo com pacientes inibidos e com os de excessiva tendência à repressão.

Através do processo terapêutico, a pessoa tem de aprender a discriminar o amor a si mesma, franco e necessário, sem perder de vista as necessidades do outro, e sem que umas sejam satisfeitas em detrimento das outras, tratando de compatibilizá-las em função das prioridades de cada momento. Às vezes serão priorizadas as minhas necessidades, e outras vezes as do entorno, segundo o que acho o melhor para mim em cada momento. Para isto terei às vezes de renunciar a satisfazer minhas necessidades, ou simplesmente retardá-las no tempo ou na forma. Em última análise, quando não for possível satisfazer minhas necessidades porque estão em oposição às do entorno, devo fazer acordos e estar atento às prioridades, para assim evitar consequências mais negativas do que as de não satisfazer a necessidade do momento.

A deflexão

Este conceito foi introduzido pelo casal Polster, para substituir outro mais antigo, a dessensibilização, descrito por Fagan e Shepherd (1973), em *Teoria e técnica em Psicoterapia gestalt*.

Este mecanismo tem a função de desvitalizar o contato e, de alguma maneira, resfriá-lo. A pessoa tem medo da situação ou das pessoas com as quais está ou se sente envolvida, e pode mostrar-se loquaz mas vazia, silenciosa ou distante, e falar de coisas sem interesse ou pouco relacionadas com o tema de que se trata. O tédio, o aborrecimento e o cansaço convertem-se em formas de deflectar, quando evitamos o contato direto, por qualquer razão que seja. As pessoas que deflectem dão a sensação de que carecem de energia, estão descontentes e, geralmente, mantêm comportamentos indecisos e desinflados. São vidas cinzentas nas quais as cores são imprecisas e opacas.

A proflexão

É um termo introduzido mais recentemente. Como seu nome indica, provém da mescla de dois mecanismos anteriormente citados: a retroflexão e a projeção. É um mecanismo muito sutil. O proflector tenta conseguir dos outros determinadas ações a seu favor. Consiste em fazer ou dizer ao outro o que gostaria que este lhe fizesse ou dissesse. É uma mensagem indireta ao interlocutor, provavelmente com a intenção inconsciente de que ele faça comigo o que eu faço com ele.

Isto quer dizer que adulamos para sermos adulados, somos amáveis e simpáticos com as pessoas que não conhecemos para sermos tratados da mesma maneira por elas. Com este mecanismo tratamos de frear supostas agressões ou desqualificações, ao mesmo tempo que propiciamos que nos aceitem e sejam amáveis conosco. É uma forma de sedução mais ou menos encoberta, que procura evitar confrontos negativos. O lado negativo deste mecanismo é que ele evita que o contato se realize de forma natural e espontânea, e faz que se realize de maneira sinuosa e indireta.

Outros mecanismos

A psicanálise descreve mais outros mecanismos que podemos encontrar em *Mecanismos de defesa*, de Ana Freud (1974). Aqui vamos descrever dois que nos parecem importantes e que encontramos frequentemente nos transtornos neuróticos: a negação e a racionalização. O segundo é o mecanismo principal das neuroses obsessivas. Passamos a descrevê-los sucintamente.

A negação

Este mecanismo consiste em negar determinadas partes de nós mesmos. É a recusa de ser como somos. Com este mecanismo vamos criando vazios e alienando partes, separando-as de nós. Este mecanismo nos serve para recusar e renegar partes nossas que não nos agradam e que não aceitamos, seja porque são partes ou características rejeitadas pela sociedade, por nossos pais ou por nossos amigos, e que nós mesmos acabamos por não ver como aceitáveis.

O mecanismo de negação impede-nos de colocar-nos em contato com nossas partes não aceitas. Não posso ver meus desejos porque não me agradam, não posso aceitar que sou desta ou daquela maneira, ou prefiro agir de uma ou outra forma, em função da aceitação ou da recusa do entorno. A negação nos aliena e cega nosso olhar quando a dirigimos para nós mesmos e não nos agrada nossa maneira de ser ou de atuar. Ver a figura 7.6.

Figura 7.6 – A negação

O mecanismo da negação encontra-se em todas as neuroses, mas de maneira mais evidente nas psicoses, porque faz parte da escisão.

A negação nos serve para evitar a dor e o sofrimento da frustração. Se há em nós uma parte que nos parece reprovável e não aceitável, e inclusive não a aceitamos nos outros, utilizamos este mecanismo de defesa para acreditar que essa característica não é nossa. Negamos características, emoções ou partes de nossa forma de ser. Assim, pensamos que vamos ser mais bem aceitos, reconhecidos e queridos do que se nos mostrássemos com nossas ações ou formas de ser que nós mesmos não admitimos. Sua origem está na infância, e formou-se quando um dos progenitores rejeitou alguma característica da criança, chegando até mesmo a castigá-la por mostrá-la.

A racionalização

Este é o mecanismo das pessoas mais intelectuais. Fundamentalmente ocorre nos caracteres obsessivos. Consiste no seguinte: o sujeito trata de dar uma explicação mais ou menos lógica e coerente de um ato, ideia ou sentimento, cujos motivos verdadeiros não percebe, ao tentar justificá-los racionalmente.

Por exemplo, se um paciente começa a dar-nos explicações acerca de um determinado comportamento, sugerimos a ele que dramatize seu comportamento. Isto pode ser feito convidando-o a adotar seu papel e depois o do terapeuta, fazendo-se um diálogo entre ambos sobre sua racionalização. Se o paciente consegue desempenhar bem o papel do terapeuta, chegará a dar-se conta do engano de seu comportamento e dos motivos subjacentes a ele ou negados. Também se pode fazer isto de outras maneiras. Tudo depende do tipo de racionalização. Por exemplo, alguém diz a uma outra pessoa: "Vim buscá-la porque estava com vontade de sair com você", quando no fundo talvez fosse o aborrecimento que o impeliu a chamar esta pessoa e querer sair, sendo que, naquele momento, era a única pessoa disponível.

A intelectualização é um termo afim para a racionalização. Através da intelectualização ou racionalização tentamos justificar-nos e tranquilizar-nos, evitando nos dar conta do significado subjacente e escondido atrás de alguns de nossos comportamentos ou desejos. Com a intelectualização desculpamos modos de proceder, pensamentos e atitudes que, de outra forma, não poderíamos justificar nem aceitar diante de nosso olhar ou diante dos outros.

8 A personalidade

O conceito de personalidade foi amplamente descrito e definido a partir de vários pontos de vista. Poderíamos definir a personalidade como uma estrutura psicológica, como uma gestalt em contínua formação e desenvolvimento, que se fecha num momento e se abre no seguinte, que está em relação com o passado e o futuro, e que se expressa no presente em função de características espaçotemporais, e componentes biopsicossociais que a configuram, por ser a expressão mais profunda da pessoa em seu agir e interagir com o mundo e consigo mesma. Ver a figura 8.1.

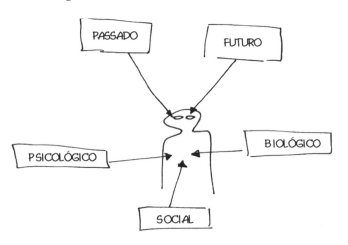

Figura 8.1 – A personalidade

A personalidade abarca o consciente e o inconsciente e vai se formando através da dinâmica estabelecida entre o interno e o externo, isto é, entre o mundo interior (biopsicológico – o indivíduo é uma totalidade cujo organismo é a origem de tudo o que diz, pensa, fantasia, atua, sente ou é –, enfim, tudo aquilo que se produz dentro dele) e o mundo exterior (político-sócio-ambiental). Ambos incluem a herança tanto biológica como ambiental, entremesclando-se e fundindo-se de tal maneira que se torna impossível delimitá-las.

A personalidade expressa e projeta a pessoa além do que é capaz de dar-se conta. Inclusive além do que somos capazes de aceitar. É o meio mais importante com o qual contamos para relacionar-nos com o mundo e interagir com o meio ambiente, e é através desta interação que vai se configurando e conformando.

Nos primeiros anos de vida, a personalidade está, como diríamos, desprovida de defesas, à mercê do mundo que a rodeia e à intempérie. A ansiedade que se gera nos intercâmbios imprescindíveis que a pessoa faz com o meio ambiente para sua sobrevivência vão modificando-a, fortalecendo-a, enfraquecendo-a ou enfermando-a. Tudo vai depender da qualidade de vida que a pessoa leva durante esses primeiros anos, de seu grau de solidão e privação, de sua fraqueza e da necessidade de ser protegida e amada, de sua necessidade de ser atendida adequadamente em função de suas características biológicas, etc.

O fato de conformar-se uma personalidade-gestalt forte ou fraca, aberta ou fechada, rígida ou flexível, vai depender do tipo de intercâmbios que a pessoa mantém com o entorno, da escassez ou privação que padece e do tamanho da ansiedade que a privação ou o abandono lhe criam.

A personalidade vai se criando e tomando forma no presente, e aparece como o resultado do intercâmbio e inter-relação entre o eu e o mundo, com limites ou fronteiras mais rígidos ou mais flexíveis, em função das características que a configuram.

A personalidade se expressa em ações, gestos, voz, movimentos, posturas, qualquer expressão corporal e, inclusive, na estrutura física da pessoa (W. Reich foi o primeiro a ver a correlação que existia entre a personalidade e a estrutura física. Posteriormente foram seus discípulos Lowen e Pierrakos que deram um maior impulso à bioenergética, descrevendo a estrutura do caráter, unindo-a à estrutura corporal). Além da bioenergética, há técnicas psicológicas que fazem leituras corporais e outras que tratam de transformar o desbloqueio do indivíduo através da mensagem e da manipulação profunda das aponeuroses, como é o caso do *Rolfing*, técnica de mensagem corporal profunda, criada por Ida Rolf. Nos anos em que F. Perls viveu em Esalen, durante um certo período de tempo, Ida Rolf deu-lhe mensagens de *Rolfing* e ele nos conta como isto o beneficiou naquele momento.

No transcurso da vida, a personalidade mantém uma certa imobilidade, no sentido de que a pessoa se reconhece e é reconhecida através da passagem do tempo. No entanto, este reconhecimento não é só através do aspecto psicológico, mas também em nível físico, onde há uma estrutura que perdura através dos anos em traços, movimentos e gestos. Por esta razão, embora existam fortes mudanças ambientais que repercutem no organismo, a personalidade sempre mantém uma espécie de continuidade e de fidelidade a si mesma, que a faz identificável e única através do tempo e do espaço, mesmo que tenha sofrido grandes transformações mediante técnicas físicas ou terapêuticas, ou pelos avatares próprios da existência.

Tanto o passado como o futuro imediato estão incluídos na personalidade, como uma gestalt existencial pessoal, reconhecível e diferente a qualquer outra configuração ou personalidade, constituindo uma estrutura ou gestalt única que evolui e se configura em cada momento, em função das características desse momento, da situação e dos acontecimentos. É única e diferente do resto das personalidades, pois conserva sua característica ou traço central que a faz ser desta ou daquela maneira, e ao mesmo tempo diferente, por ser diferente a situação e o tempo em que se expressa, por sua constituição única e suas experiências irrepetíveis e personalíssimas, assim como por suas diferenças genéticas. Cada momento é único, porque a personalidade está em constante evolução devido a aprendizagem contínua que se realiza em cada momento existencial desde que nascemos, e inclusive, segundo alguns, desde o momento da concepção, até o momento presente. A aprendizagem, a mudança e a evolução são inerentes à vida.

Por isso, embora os primeiros anos de vida sejam muito importantes para a formação da personalidade, sua evolução não se detém, da mesma maneira que não se detém a aprendizagem que exercitamos ao longo de nossa vida. Esses primeiros anos são muito importantes no desenvolvimento e na formação da personalidade, mas não são únicos nem definitivos. Sua evolução não se detém aos 5 ou 7 anos, como algumas teorias psicanalíticas ortodoxas propuseram como hipótese, mas esta evolução prossegue durante toda a vida. Sempre existe a possibilidade de mudar. Mesmo que alguém se opusesse à mudança, ela se realizaria apesar de sua rejeição.

A gestalt se concentra no presente como forma de mudança da personalidade. Quando falamos de mudança, não nos referimos a transformar a personalidade em outra diferente (se fosse assim, não nos reconheceríamos), mas a torná-la menos neurótica e mais compreensível ao nosso olhar. O presente, por analogia ou por situações que existem em comum entre o ontem e o hoje, reativa o passado e, em muitas ocasiões, recordam-se cenas ou situações passadas que são evocadas por associações ou por despertarem sentimentos análogos em nós. Não obstante, em gestalt, quando surgem essas recordações ou se reavivam sensações do passado, elas são diretamente trazidas ao presente e trabalha-se com elas por tratar-se do que os gestaltistas chamam assuntos pendentes, situações inconclusas ou situações inacabadas. Uma vez trazidas ao aqui-e-agora na sessão, podemos, através de diversas técnicas e trabalho, fechar a gestalt que interferia no desenvolvimento e na maturação da pessoa.

O passado só serve para entender a personalidade e descobrir algumas das razões de sua forma atual de ser. Mas a estruturação presente depende em grande parte das condições atuais da situação e de toda aprendizagem que se foi adquirindo dia a dia, de forma quase imperceptível para a pessoa. Por isso nem todas as situações presentes nos remetem a situações passadas, nem repetimos todos os comportamentos presentes, de acordo com situações vividas no passado. Daí a grande importância de trabalhar com o presente em função das características da situação e do estado do indivíduo.

A importância da terapia gestáltica está na possibilidade de propiciar aprendizagens de novas formas de comportamento, de abrir novos canais de conhecimento e, em última análise, de oferecer à pessoa a oportunidade de colocar-se no lugar do outro e ver suas próprias projeções. Tudo isto abriu novos caminhos no campo da psicoterapia.

A personalidade se enriquece e se reestrutura quando, no intercâmbio com outros seres humanos, se torna mais criativa e aberta à espontaneidade, se dá conta e conhece a realidade externa e seus condicionamentos internos. E quando a pessoa sente, pensa e atua de forma congruente.

A personalidade, assim como qualquer forma ou configuração, ao ser dirigida pela lei da boa forma, trata de configurar-se em cada momento de maneira que exista um máximo de estabilidade e de harmonia internas, e um mínimo de ansiedade e de caos.

Importância da ansiedade na personalidade

A ansiedade tem uma grande importância na estruturação e no desenvolvimento da personalidade.

Sua origem deve buscar-se na excitação que não pôde encontrar uma via de expressão. Suas causas, não obstante, podem ser externas ou internas. As causas externas que geram ansiedade são aquelas que colocam em perigo a integridade do indivíduo. O indivíduo deve evitar as situações geradoras de ansiedade com os meios que tem a seu alcance. Daqui surgirão e irão se conformando os mecanismos de defesa que o indivíduo usa e que, como seu nome indica, servem para defender-se daquelas situações ou ações que o colocam num estado de alerta ou de ansiedade. Quando estas situações geram níveis insuportáveis de ansiedade, colocam a pessoa na iminência de um ataque de pânico ou de desintegração da personalidade, o que é vivenciado como se ela estivesse a ponto de ficar louca ou de sofrer um infarto.

As causas internas da ansiedade podem ser encontradas nos estados em que as mudanças são mais profundas e, portanto, mais manifestas, como podem ser as que se operam na adolescência ou na senectude. Outras situações que geram ansiedade são os estados de carência pela perda de algum ente querido, as mudanças bruscas ou doenças graves, e aquelas que nos colocam em risco de perder a vida.

A ansiedade influi consideravelmente na aprendizagem, a tal ponto que pode chegar a distorcê-la, e, consequentemente, a percepção da realidade. A excitação, quando irrompe no organismo, o faz de uma maneira suave e inclusive imperceptível, mas à medida que vai aumentando, e se não encontra a forma de concretizar-se em algo ou de expressar-se através de ações adequadas, tende a acumular-se e, como consequência, gerar inquietação e ansiedade. A excitação é imprescindível ao bom funcionamento do ser humano. É necessária porque atua como estímulo e motor para manter a inter-relação com o meio, para nutrir-se dele e para que o indivíduo, por sua vez, dê ao meio o que este necessita para não desaparecer. Há no indivíduo uma tendência de conseguir do meio o maior número possível de coisas gratificantes, mas não de devolver-lhe na mesma medida. Daí a degradação da natureza e do meio ambiente, e a tendência de criar situações de tensão e guerra no mundo. Por isso é preciso distinguir entre agressividade construtiva e agressividade destrutiva. A agressividade positiva é necessária para viver, alimentar-se e inclusive respirar, enquanto que a agressividade negativa tem mais a ver com a violência e a destruição. Deveríamos talvez distinguir entre agressividade e violência como duas forças que estão na natureza, mas com uma finalidade oposta: a primeira como força necessária para a vida e a segunda como força que vai contra ela.

Vejamos por quê. Parece que existe no indivíduo uma tendência à gratificação de suas necessidades sem restituir, em contrapartida, e de acordo com suas possibilidades, alguma parte ou partes que foram utilizadas para seu bem-estar (estas partes utilizadas pelo indivíduo não têm de ser substituídas necessariamente pelas mesmas, pois, se sua carência é esta, como pode dar aquilo de que carece? Mas pode, sim, dar de outra maneira ao meio e às pessoas que o rodeiam e que lhe deram por sua vez). No entanto, frequentemente não existe um intercâmbio equilibrado e alguma das partes pode sentir-se muito afetada. As situações de desigualdade vão criando diferenças tão marcantes que, com o tempo, o desequilíbrio reinante entre duas partes pode romper sua união ou criar, no caso das nações, estados de guerra. E aqui não se trata de a agressividade ser construtiva ou destrutiva. No caso do agredido, seria antes defensiva ou vingativa (na realidade seria reivindicativa). Talvez isto tenha sua origem em situações prolongadas de carência, seja afetiva ou fisiológica. Diante destas situações de carência, as pessoas e as nações tornam-se vorazes, com uma necessidade incontrolada de engolir e de obter dos outros (como se fosse algo a que têm direito) tudo de que necessitam e até mais, para afiançar seu poder e continuar espoliando aquele que possui aquilo de que eles necessitam ou simplesmente querem possuir.

As tensões, fruto de carências contínuas, surgem entre comunidades, nações, casais, entre pais e filhos ou entre partidos políticos. Isto é, subjacente à agressividade está a carência e a forma como as partes em conflito foram tratadas anteriormente ou aprenderam a resolver seus conflitos. Neste sentido, a aprendizagem adquire uma grande importância pelo que comporta de experiência e de vivência anterior angustiosa ou gratificante. Estas vivências angustiosas, tanto para as crianças como para as nações, serão a base da futura convivência e do tipo de relações que tendem a estabelecer-se. Se as crianças aprenderam dos adultos a resolver seus conflitos utilizando a violência, é provável que seja esse seu modelo de solucionar os conflitos quando forem maiores.

É por isso que a aprendizagem converte-se em algo tão primordial na hora de estabelecer inter-relações com o mundo e com as demais pessoas. Porque tudo que alguém aprendeu e está aprendendo agora está influindo no que lhe ocorre neste momento e no que vai ocorrer-lhe mais tarde. Isto não quer dizer que meu futuro está predestinado de forma rígida e inalterável. Nas minhas escolhas vão influir meus conhecimentos e minhas aprendizagens anteriores; muitas vezes vou preferir isto ou aquilo em função de experiências passadas; e, por sua vez, o que tenha de bom esta experiência pode influir no aprendido anteriormente e nas experiências sucessivas, mas não de forma rígida e sem possibilidade de mudança, e sim como aprendizagens que vão se somando às antigas aprendizagens que, por sua vez, vão conformando uma personalidade em contínuo desenvolvimento. Este desenvolvimento só se estancará quando as vivências tiverem sido tão traumáticas que a pessoa se nega a pôr em funcionamento e em ação a excitação que procede de seu interior e que, acumulada, retida e sufocada, pode converter-se, a longo prazo, em ansiedade paralisadora. Também pode converter-se no contrário, isto é, numa ansiedade continuamente ativada, levada à ação sem ordem nem conserto, como acontece na histeria com a ansiedade flutuante (ansiedade que vai de um lado ao outro do organismo), na catatonia, com a ansiedade e a energia bloqueadas, ou nos estados paranoides e nas personalidades psicopatas, onde a ansiedade pode inundar com frequência o comportamento, suprimindo a reflexão e o bom senso. Neste tipo de caracteres, o outro não é visto como um ser com as mesmas qualidades, necessidades e direitos, mas converte-se no objeto das projeções e delírios de poder do paranoico e do psicopata.

Através da aprendizagem vai se organizando e estruturando a personalidade. Toda aprendizagem, toda nova experiência acrescenta algo novo à nossa existência e, portanto, é transformadora. Uma das grandes contribuições da gestalt ao crescimento dos seres humanos é a certeza de que as aprendizagens que são adquiridas através das experiências da vida são transformadoras em si mesmas; para bem ou para mal, ficam impressas na memória de nossas células e acrescentam algo novo a nossas vidas. Se são aprendizagens positivas, acrescentarão experiências positivas; se são negativas, também terão consequências negativas.

O empobrecimento ou a retenção da excitação pode levar, em casos extremos, à catatonia ou ao autismo, com ruptura das relações com o mundo exterior. Nos casos mais leves, como são as inibições e os comportamentos tímidos, pode levar a uma diminuição dos intercâmbios com o meio ambiente e a uma vida pobre e escassa em incentivos que tornem agradável vivê-la. Nestas personalidades, o ambiente influi demasiadamente. No primeiro caso – quando existe um estado contínuo de repressão da excitação –, pode assemelhar-se aos estados oligofrênicos, quando na realidade se dá uma paralisação da excitação. Muitas crianças foram tratadas como deficientes mentais quando de fato o que havia era uma retirada de energia do mundo, que consideravam muito violento. Sua forma de defender-se foi inibir a expressão de sua energia e suas faculdades, e permanecer num estado inferior ao que poderiam ter desenvolvido em meios mais favoráveis para seu desenvolvimento.

No caso contrário, em que o nível de excitação se torna intolerável, ela se transforma em comportamentos incontrolados, em permanentes mudanças de lugar, de atividade, de pensamento, etc., aumentando a atividade psicomotriz, mas sem canalizá-la adequadamente de acordo com as necessidades do momento. Há dificuldade de levar a bom termo qualquer atividade que se empreenda. A aprendizagem sempre se interrompe em algum lugar – como consequência de uma experiência dolorosa – e a personalidade e a aprendizagem se veem gravemente afetadas.

A aprendizagem é um processo no qual é fundamental que o sujeito e o objeto se conectem e estabeleçam uma relação de segurança e de confiança. Quando o objeto da aprendizagem provoca desconfiança e medo, o sujeito tende a retirar-se e a evitar o contato. Este tipo de relação não facilita a aprendizagem. A pessoa se sentirá insegura e ansiosa, e evitará entrar em contato com as situações e os objetos temidos, uma vez que estes se converteram em algo perseguidor e criador de angústia. A pessoa criará mecanismos de defesa para solucionar da melhor maneira possível estas situações. Como consequência disto, a personalidade irá se modificando e o ser humano criará formas de atuar mais ou menos patológicas em função destes mecanismos. Em um ou outro caso, vai depender da força e rigidez com que se instauram e da forma de serem utilizados.

O desenvolvimento e a posterior evolução da personalidade estão marcados pelo processo de aprendizagem. Neste processo influem todas as normas culturais que dominam no meio em que se desenvolve cada pessoa: primeiro são as normas do grupo familiar, depois as do grupo escolar, e todas por sua vez são influenciadas e matizadas pelas pautas e normas socioculturais. Nem sempre o grupo familiar e social funcionam em coerência e harmonia. Às vezes o fazem de forma oposta. Diante destas alternativas é a pessoa que deve escolher aquelas que lhe proporcionem um melhor desenvolvimento e crescimento de sua pessoa e de sua integridade. Nem sempre é fácil fazer esta seleção e escolha, pois supõe não estar de acordo com uma delas, ou com nenhuma das duas. Às vezes a escolha vai sendo feita em cada momento, optando por aquilo que lhe serve para satisfazer suas necessidades mais imediatas, mas que nem sempre é o melhor para o posterior desenvolvimento e evolução de sua personalidade. Não obstante, serve-lhe para seguir adiante e não ficar bloqueada diante das situações conflitivas.

Uma personalidade bem integrada e desenvolvida seguiu um processo longo de escolhas, feitas de forma inteligente e apropriada às suas necessidades, e que lhe serviram e ajudaram em seu crescimento e evolução posterior. É flexível, mas não variável e volúvel. É capaz de funcionar em situações novas e não ficar paralisada ou presa a elas. Pelo contrário, uma personalidade rígida e estereotipada é dogmática, não se enriquece com as novas conquistas que o exterior lhe oferece, e funciona de forma pobre e pouco criativa.

Personalidade central

A personalidade central pode enquadrar-se, seguindo Tarágano (1974), em quatro esquemas fundamentais:
- personalidade abandônica;
- personalidade persecutória;
- personalidade depressiva;
- personalidade segura.

As três primeiras são de tipo defensivo frente ao exterior, e a quarta se enquadra no que se considera personalidade sadia, com bom funcionamento e capacidade de êxito. Estes quatro tipos se desenvolvem em função da segurança ou insegurança com que a criança viveu sua infância, como aprendeu a satisfazer suas necessidades básicas de tipo fisiológico e vital, assim como as de tipo afetivo e psicológico.

Estes quatro esquemas nos quais pode ser descrita a personalidade, segundo Tarágano, darão lugar aos diferentes quadros psicopatológicos. Aqui vamos expor alguns deles, ainda que para um estudo mais amplo conviria consultar qualquer bom manual de psicopatologia. A APA (Associação Psiquiátrica Americana) vem publicando, desde 1952, os diferentes DSM (Diagnostic and Statistical Manual), com uma descrição ampla e minuciosa das sintomatologias das diversas enfermidades psíquicas, tanto as ocasionadas por agentes externos, como o álcool ou as drogas, como as que são provocadas por agentes internos e psicológicos, como as oligofrenias, as demências, as neuroses e as psicoses.

Vejamos mais detalhadamente as que se originam a partir destas quatro vivências infantis.

Personalidade abandônica

Este tipo de personalidade é próprio das pessoas que sofreram ou experimentaram vivências de abandono ou desproteção, tanto no físico (carências alimentares ou fisiológicas, frio, etc.) como no psicológico (desafeto, falta de amor e contato físico). Diante destas carências, a personalidade será fraca e frágil, pois o bebê é incapaz, nas primeiras etapas de sua vida, de defender-se do mundo exterior, de autoalimentar-se e de proteger-se, e inclusive, na maioria das vezes, nem sequer é capaz de defender-se de seu próprio mundo interior, que trata de manipular através da projeção e da fantasia.

A personalidade abandônica dará lugar a pessoas esquizoides, depressivas, dependentes de drogas e/ou esquizofrênicas.

O sentimento que predomina nestas personalidades é o de desamparo, desamor e abandono. A solidão e o desespero que invadem essas personalidades provocam o rompimento com o mundo exterior e o fechamento em si mesmas, surgindo então o autismo e o isolamento psicológico como mecanismo de defesa frente ao exterior.

Personalidade persecutória

Neste tipo de personalidade, embora as necessidades básicas costumem estar satisfeitas, as necessidades de proteção diante do exterior não estão. O que predomina é o sentimento de ser agredido, perseguido, atacado, desprezado. Como as relações com o mundo exterior costumam ser perigosas, ou são vividas como tais pelo bebê, este sente uma grande desconfiança. Como consequência, torna-se agressivo diante do exterior, já que é agressão o que ele sente que lhe vem de fora. O mundo exterior está cheio de agressões e, portanto, torna-se perseguidor e frustrante. E assim a criança se torna perseguidora e perseguida, como o mundo exterior. Deste tipo de estruturação surgem as personalidades paranoicas, ou com tendências paranoides, isto é, pessoas que desconfiam constantemente do mundo ao seu redor. Cria-se uma ida e volta de ataques perseguidores e de vivências de ser atacado pelo meio circundante. Agredir e sentir-se agredido configura as relações e suas formas de atuar diante do exterior. As personalidades paranoicas costumam ser as mais agressivas de todos os tipos de personalidade. Freqüentemente sua identidade não está bem definida, o que aumenta ainda mais sua insegurança.

Personalidades nas quais predomina o sentimento de ser excluído

As pessoas nas quais predominam estes sentimentos são aquelas que viveram situações de grande segurança e proteção afetiva da parte dos pais e, posteriormente, durante um certo período de tempo, esta segurança lhes foi retirada e acabaram sendo rejeitadas, abandonadas e desprezadas. As relações que este tipo de personalidade estabelecerá posteriormente serão extremamente ambivalentes. Em relações afetivas estáveis, e seguras, carecerá de confiança, e seus vínculos também serão instáveis. Na maioria das vezes surge na criança a explicação de que é substituída por uma terceira pessoa no amor de outro, talvez porque esta terceira pessoa é mais carinhosa ou melhor que ela. Mas como antes adquiriu a segurança em si mesma de ser amada e querida, buscará sempre que a amem e queiram, embora surja constantemente o medo de ser abandonada. Os sentimentos que a inundam são frequentemente o ciúme, a desconfiança e a irritabilidade. Sempre que apareça uma terceira pessoa em cena, com a qual deva entrar em concorrência, estes sentimentos brotarão.

A pessoa que se sente excluída pode sentir ciúmes de qualquer coisa: das pessoas, das coisas, das atividades intelectuais, artísticas, ou interesses de qualquer tipo que o outro realiza, e o sente porque acha que qualquer uma dessas atividades ou pessoas pode interferir negativamente em sua relação com a pessoa amada, ou com a pessoa pela qual quer ser amada e apreciada.

Este tipo de defesa utilizado pelo excluído é a sedução ou a desvalorização do outro para fazê-lo depender dele e evitar que o abandone. Destas vivências e mecanismos defensivos surgem dois tipos de personalidade: a histérica e a fóbica.

Os tipos de personalidade abandônica, persecutória e de exclusão têm em comum a ansiedade e o medo da desproteção e do abandono, assim como da agressão física e afetiva.

A patologia é mais grave na vivência abandônica, diminui na persecutória e é menor na de exclusão.

A primeira coisa de que precisa o bebê e também qualquer ser humano adulto, e que é primordial para sua subsistência, é ter cobertas e satisfeitas as suas necessidades fisiológicas. Necessita mais do amor do outro pela segurança e proteção fisiológica que lhe proporciona do que pela necessidade de sentir-se amado. A necessidade de amor surge quando diminui seu medo da desproteção física. Ocorre o mesmo com a necessidade de autorrealização nos seres humanos. Ela surge quando as que a precedem estão cobertas.

Personalidade segura e não ansiosa

Neste tipo de personalidade a criança experimenta segurança desde o primeiro momento de seu nascimento, sente-se a salvo com as pessoas que a rodeiam e protegida das ameaças que podem provir do exterior. Suas necessidades afetivas e fisiológicas encontram-se satisfeitas porque é tratada com amor e cuidado. Uma pessoa com estes antecedentes tem as melhores chances de ser uma personalidade integrada e sadia, que sabe enfrentar as situações frustrantes e encará-las de forma flexível, segura e criativa.

A possibilidade de uma vida sadia é elevada, e as frustrações não colocam em perigo sua estabilidade e integridade psicofisiológica.

Uma personalidade sadia e bem integrada nos leva a conceitos como os de identidade e autorrealização, e de um amor sadio a si mesma e aos outros.

Identidade

A identidade é uma qualidade que procede da personalidade e que nos faz sentir identificados com o que somos. Ver a figura 8.2.

Figura 8.2 – A identidade

A identidade e a personalidade estão intimamente relacionadas. A aquisição de uma identidade adequada consegue-se em função da aceitação ou da rejeição de que foi objeto a criança em suas três vertentes: corporal, psicológica e social.

Uma boa identidade vai sendo adquirida com a aceitação de si mesmo nesses três aspectos, sendo que a autorrealização contribui em grande parte para isto. Portanto, é imprescindível descobrir a tempo quais são as inquietações e características que mais sobressaem na criança, as mais profundas e verdadeiras, e pôr ao seu alcance o necessário para que ela possa chegar a um bom desenvolvimento, sem esquecer que a pessoa forma uma totalidade com seu mundo circundante.

A identidade manifesta-se no presente e encontramos transtornos de identidade naquelas pessoas que na infância foram rejeitadas, ou cuja autorrealização se efetuou em função de valores externos, sem respeitar sua individualidade, seus sentimentos, seus desejos e seus valores. Ver a figura 8.3.

Figura 8.3 – Esquema corporal e rejeição do corpo. Imagem ideal

Na atualidade, as sociedades em que vivemos atentam continuamente contra nossa identidade através da publicidade, que nos indica o que devemos ler ou beber, o que temos de vestir ou as coisas que devemos fazer para sermos aceitos pelos outros, ou para chegar a triunfar. É na adolescência, quando o ser humano tem de enfrentar uma etapa de mudança em nível físico, mental e intelectual, que ele está mais exposto a todos estes abalos e a desviar sua identidade de sua autêntica essência para conseguir uma melhor aceitação. Todas estas tergiversações são encontradas tanto dentro da família (onde o pai ou a mãe escolhem a profissão de seu filho/filha, ou a roupa que deve usar ou até seus amigos), como fora dela (como ocorre com os meios de comunicação que chegaram a ser tanto ou mais poderosos do que a família). O indivíduo chegou a perder a responsabilidade por seus atos, porque foi enganado com anúncios ou campanhas, chegando a estar os objetivos, as metas e a identidade do adolescente e do adulto muito longe do que suas necessidades, desejos e personalidade mais profunda requerem.

Por esta razão, é tão importante responsabilizar o indivíduo desde bem pequeno por seus atos e suas consequências, para que possa tomar consciência de seu comportamento, de suas escolhas e de suas necessidades. Somente através da responsabilidade podemos assumir-nos como pessoas e não como bonecos manipulados pelos outros. Só através do assumir a responsabilidade por nós mesmos podemos viver o presente e enfrentar o futuro, sem condicionamentos alheios à nossa estrutura pessoal, individual e social.

Em alguns casos, a criança vai desenvolvendo sua forma de ser por analogia e identificação e, em outros, por rebeldia. Quando chega à adolescência, vê-se novamente exposta à necessidade de modelos com os quais identificar-se e ir estruturando sua personalidade. Às vezes esta identificação é feita de acordo com o que deseja, outras vezes de acordo com o que inveja e outras ainda de acordo com aquilo que lhe parece mais importante para conseguir satisfazer seus desejos o mais rapidamente possível, ou para parecer-se com alguém, porque é um modelo muito aceito socialmente ou por seu grupo.

É assim que a pessoa, aos poucos, vai perdendo sua identidade e, consequentemente, seu centro e orientação no mundo. A deterioração vai sendo progressiva, dando lugar a sintomas neuróticos, psicóticos, despersonalizações ou qualquer outro tipo de alteração psíquica. A volta ao essencial é imprescindível. Se verdadeiramente há algo sanador é ser honesto conosco mesmos, coerentes com nossa autêntica essência e responsáveis por nossos atos, inclusive aqueles que deixamos de realizar, por omissão ou por medo das consequências.

Autorrealização

A autorrealização (MASLOW, 1983) consiste em conseguir realizar aqueles objetivos, projetos e metas pessoais que, cada um deseja e necessita no transcurso de sua vida. Abrange tudo aquilo que serve para um melhor desenvolvimento e evolução da pessoa, para alcançar maiores capacidades, para sentir afeto e despertá-lo nos outros, e para sentir-se satisfeito com sua própria vida.

Esses objetivos referem-se às diversas atividades que o ser humano é capaz de desenvolver: do artístico ao programático, ao científico e ao político. Nem todos estes objetivos têm de ser iguais para todos os indivíduos, e de fato não o são. Os objetivos e as metas variam com a idade, com o desenvolvimento pessoal e com os fatores culturais e sociais, entre outros. Além de ser diferente em função destes fatores assinalados, a pessoa deve estar disposta a mudá-los, selecioná-los e inclusive eliminá-los para chegar a uma melhor evolução pessoal e social. A autorrealização requer abandonar comportamentos obsoletos e ser capaz de transformar-se ao longo da vida.

A autorrealização dá um significado à vida de todo ser humano. É tudo aquilo que pode dar sentido à sua existência. A falta de metas e objetivos pode criar-lhe aborrecimento existencial e desespero, submergindo em sentimentos de frustração, desespero e negativismo.

Metas e objetivos adequados às possibilidades de cada pessoa e um avanço progressivo para a autorrealização podem ser muito benéficos àquelas pessoas que tiveram uma infância infeliz e frustrante, que não lhes permitiu desenvolver-se de acordo com suas capacidades físicas, intelectuais, psíquicas e sociais.

Através da autorrealização o ser humano dá sentido à sua vida e a seu ser, e pode estar no mundo de uma maneira mais gratificante e plena.

9 Técnicas da psicoterapia gestáltica

Regras e técnicas

As técnicas da psicoterapia gestáltica giram, em sua maior parte, em torno do que Perls chama regras e jogos.

Claudio Naranjo, em *A velha e novíssima gestalt* (1990), ao citar técnicas gestálticas, distingue três tipos:

- técnicas expressivas;
- técnicas supressivas;
- técnicas de integração.

Vamos expor aqui as regras, por um lado, e as técnicas ou jogos, por outro, segundo foram classificadas por Fritz Perls.

As regras

As regras são pouquíssimas e costumam ser apresentadas no início da terapia, pois facilitam os intercâmbios entre os membros do grupo e tornam as relações mais diretas, honestas e transparentes entre eles. Ainda que o termo regras soe como algo rígido, é evidente que sua explicitação, no começo da terapia, esclarece sua função e a importância de integrá-las na nossa linguagem. Veremos isto a seguir de forma detalhada.

O princípio do aqui e agora

Esta ideia do aqui e agora, da experiência imediata e presente, é um dos princípios mais importantes e ao mesmo tempo mais difíceis de manter na terapia gestáltica, visto que os pacientes tendem a falar do passado ou de suas experiências como algo histórico. Com o fim de fomentar a consciência do agora, o que lhes é sugerido é que se comuniquem em tempo presente, para o que costuma-se fazer-lhes as seguintes perguntas: O que está se passando agora em você? De que você tem consciência agora? O que você está sentindo neste instante? Que necessidade sente que está surgindo em você neste momento? Promovemos intercâmbios no aqui e no agora entre os membros do grupo.

Isto não significa que não tenha importância o material passado e recordado pelo paciente; o objetivo é tratar de incorporar esse material à experiência presente e, para isto, quando surge, pede-se ao sujeito que o faça e o expresse como se o estivesse vivendo agora mesmo, como se esse sentimento que apareceu estivesse sucedendo agora. Evita-se assim o *sobreísmo*, isto é, falar sobre algo em vez de submergir nessa situação. O *sobreísmo* faz perder a intensidade que estaria presente no caso de trazer a experiência ao aqui e ao agora. Desta maneira, trata-se de discernir a necessidade que o paciente tem de fazer intervir no diálogo pessoas ausentes, a nostalgia que o leva a rememorar e voltar ao passado, sua tendência de ocupar a mente com temores e fantasias sobre o futuro, e tudo que o perturbou nessa experiência do passado.

Seguindo F. Huneeus (1987), poderíamos definir o "aqui e agora" como um estado em que a pessoa está consciente unicamente de sua experiência sensorial gerada neste preciso instante. O que está vendo com seus olhos, escutando com seus ouvidos, além do que está sentindo no cinestésico. É o estado sem diálogo interno, sem fantasias visuais de nenhuma espécie e, portanto, sem desejos ou outros estados emotivos suscitados por elas. É o estado presente sem consciência do passado nem do futuro. Não podemos, estar constantemente no "aqui e agora", porque vivemos em sociedade, onde precisamos imaginar pelo menos um futuro próximo e aproveitar nossas experiências passadas e nossas recordações para sobreviver e guiar-nos na vida.

Perls distinguia três tipos de filosofia. Em *O enfoque gestáltico e testemunhos de terapia*, fala-nos destes três tipos. O primeiro tipo é o que ele chamava de *sobreísmo*. Nesta filosofia fala-se e fala-se das coisas, fala-se "acerca de" e "sobre" elas, sem jamais chegar a senti-las. Neste tipo de filosofia podemos enquadrar as ciências, onde se dão explicações e mais explicações, sem chegar à experiência direta e enriquecedora, aquela que nos faz crescer e mudar, que nos permite maiores aberturas e contatos mais ricos e generosos.

O segundo tipo é o que ele chamava de *debeísmo*. Dentro desta filosofia enquadramos a moralidade com seus contínuos deveria: "Você deveria ser desta maneira ou desta outra", "Deveria mudar isto ou aquilo", "Deveria não ter feito isto ou aquilo", etc. É a filosofia das proibições e das ordens. No entanto, e apesar de repetirmos constantemente estas ideias e pensamentos, a experiência nos demonstra que os "deveria" raramente são levados à prática, mas, ao contrário, nos provocam sentimentos de mal-estar e de culpa, quando não os cumprimos. Como sabemos, os sentimentos de culpa escondem sentimentos agressivos voltados para as pessoas que se atêm a estes sentimentos. Frequentemente os sentimentos de culpa desaparecem quando os tornamos conscientes e os expressamos diretamente ou através de uma cadeira quente.

O terceiro tipo é o existencialismo que procura trabalhar com o princípio do dar-se conta e do aqui e agora, com a experiência imediata, as sensações e as necessidades. Duas das grandes contribuições do existencialismo à terapia gestáltica são a responsabilidade e a suavização das normativas sociais e morais.

Eu e você

Com este princípio ou regra, trata-se de expressar de maneira clara a ideia de que a verdadeira comunicação só se dá quando o emissor e o receptor se dirigem um ao outro, olhando-se diretamente e expressando abertamente o que sentem. Há pessoas que agem como se falassem ao vazio ou com alguém que estivesse ausente. Seu olhar nunca se dirige à pessoa com a qual estão falando, o que empobrece a comunicação e, às vezes, perde-se a possibilidade de estabelecer uma relação mais cálida e estreita. Ao perguntar a alguém a quem está se dirigindo e pedir-lhe que diga o que quer dizer diretamente à pessoa com a qual está falando, facilita-se o enfrentar sua evitação, e promove-se o envio de mensagens diretamente ao receptor, abrindo desta forma novas vias de comunicação. Diz-se a ela que fale à pessoa olhando-a nos olhos, e que tome consciência de sua própria voz e do que sente enquanto se dirige a essa outra pessoa de forma direta. Você acha que suas palavras a tocam realmente? Acha que sua voz é adequada ao que quer expressar e ao sentimento que quer transmitir? Você se dá conta de que sua evitação fóbica ao contato e à comunicação verbal se manifesta claramente em sua voz e em seu comportamento? Você se dá conta de que não olha, de que evita experimentar o que sente esquivando o olhar?

Quando ela tomou consciência de seu comportamento fóbico de evitação, pergunta-se – embora não seja imprescindível –: O que você sente quando fala diretamente às pessoas sem evitar seu olhar? Que sensações experimenta em nível fisiológico? Pode perceber os sentimentos que se geram em você quando não evita o olhar de seu interlocutor? Pode ver que há uma maior proximidade e envolvimento nesta nova forma de enfrentar e viver as relações interpessoais?

Esta regra está relacionada com a responsabilidade e a participação. Torno-me responsável pelo que sinto quando olho você diretamente nos olhos, e também me torno responsável pelo que evito quando não olho para você. Quando olho para o outro, envolvo-me de uma maneira mais profunda com ele, e portanto há uma maior participação dos meus sentimentos nos intercâmbios.

Linguagem pessoal versus *linguagem impessoal*

Muitas vezes usamos uma linguagem impessoal conosco e com o nosso corpo, quando nos referimos a ele, ao nosso comportamento e aos nossos atos, como se estes não fossem partes de nós mesmos, mas algo alheio a nós. Assim, por exemplo, dizemos: "Tenho um tremor", em vez de dizer: "Estou tremendo"; "Minha voz me parece um pranto, um queixume, etc.", em vez de dizer: "Estou chorando, estou me queixando, etc." Esta regra tão simples faz o sujeito converter-se num agente ativo, em vez de tornar-se um ser passivo que deixa as coisas acontecer. Inclusive Perls vai mais longe neste assumir a responsabilidade por nós mesmos e acrescenta: "Eu me faço tremer", "Eu me provoco o pranto", etc.

A linguagem impessoal nos despersonaliza e nos priva da responsabilidade por nossos atos, ações e sentimentos. Usamos esta linguagem quando evitamos utilizar o "eu" e em seu lugar usamos o "se". Por exemplo, quando dizemos: "Pensa-se que..." em vez de: "Eu penso que..."

Isto também ocorre quando falamos de alguém que está presente e, em vez de dirigir-nos a ele, falamos para o resto das pessoas, como se ele não estivesse aqui. Desta forma eludimos o contato e a comunicação.

O contínuo de consciência

É o que se conhece em gestalt como sendo o "como" da experiência, e é fundamental na psicoterapia gestáltica. Em vez de colocar o acento no "porquê" do comportamento, coloca-se no "o quê", no "como" e no "onde". Por exemplo, quando se pergunta ao paciente: O que você está sentindo agora? Como se sente? Onde o sente?

149

Desta maneira a pessoa toma consciência de seus sentimentos corporais, sensações e percepções, pois é a única coisa que sabemos com certeza. Refere-se à tomada de consciência do que está nos sucedendo e de como está sucedendo. Com esta regra tão simples o indivíduo aprende a dar-se conta, a perceber e distinguir a necessidade dominante nesse momento, e assim tem em seu poder a capacidade de satisfazer essa necessidade que surgiu no aqui e agora. E assim pode concluir essa situação para passar a outra coisa, num contínuo processo de aparecimento e eliminação de gestalts, dando mais um passo em direção à completitude e à maturação.

O contínuo de consciência permite seguir o estado da pessoa sem interromper o curso de seu dar-se conta. Desta maneira vamos nos aproximando do que ela sente, como o sente e onde o sente, e podemos ver como essas sensações vão se transformando em necessidades e/ou sentimentos.

Não murmurar

Esta regra tem a finalidade de fomentar a expressão direta do que pensamos ou dizemos de outras pessoas, impedindo que ocorra a murmuração ou maledicência, especialmente quando elas estão presentes.

A murmuração se dá quando, estando presente a pessoa da qual se estão dizendo coisas, não nos dirigimos a ela, mas evitamos o contato direto falando ou dirigindo-nos a outras pessoas que também estão presentes, agindo como se o objeto de nossa maledicência não estivesse presente.

Podemos ver um exemplo simples de murmuração num grupo em que uma pessoa se dirige ao terapeuta e lhe diz: "Ana está sempre me molestando". O terapeuta, nesta situação, dirá ao paciente: "Diga isto diretamente a Ana e não murmure". A murmuração impede também a comunicação com a pessoa da qual se murmura, e costuma surgir quando não conseguimos controlar os sentimentos que temos por essa pessoa. Assim, a utilização desta regra nos confronta com esses sentimentos que tentamos evitar. Por outro lado, obriga-nos a descobrir o que se esconde por trás deles. Incita à comunicação e ao intercâmbio direto, aberto e honesto. Como todas as regras, fomenta o autoapoio.

Fazer ou formular perguntas

As pessoas, alunos e pacientes, frequentemente fazem perguntas como uma maneira de conseguir atenção ou para que lhes demos algo, seja informação, consideração ou alimento intelectual.

É evidente que a pessoa que pergunta está nos dizendo de alguma maneira: "dê-me... diga-me... mostre-me..." e, não raramente, se a escutamos com atenção, vemos que não necessita realmente de informação. Inclusive essa petição pode indicar preguiça ou passividade. Neste caso, o terapeuta pode dizer-lhe que refaça sua pergunta e a converta numa afirmação. Desta maneira, ao mesmo tempo que o indivíduo se torna responsável pelo que há por trás de cada uma de suas perguntas, ele mesmo e por si mesmo pode encontrar suas próprias respostas. Muitas vezes pode acontecer que as perguntas são feitas para que os demais corroborem nossas próprias ideias acerca do que perguntamos. Neste caso, qualquer resposta que se dê, e que não corresponda com o que o perguntador esperava ou desejava, será recusada por ele. No fundo não há um verdadeiro interesse em aprender, mas em demonstrar que se tem razão.

Antes de responder as perguntas, convém verificar se elas realmente exigem uma resposta, ou se a resposta já está implícita na pergunta. Quando é assim, pedimos à pessoa que refaça sua pergunta e a transforme numa afirmação. Com esta simples tática, conseguimos que ela descubra a armadilha que está por trás de sua pergunta, ao mesmo tempo que encontra sua resposta.

Outras vezes descobrimos que as perguntas envolvem uma necessidade de demonstrar, tanto ao conferencista, se for este o caso, como aos presentes, que aquele que pergunta sabe mais do que o outro, procurando assim mostrar que está por cima.

Não raras vezes, a pergunta tem a finalidade de "pegar" o outro. Há pessoas que passam a vida fazendo o jogo do gato e do rato. Estão esperando qualquer resposta para depois poder dizer a si mesmos e aos demais: "te peguei". Vê como és tapado e como eu sou "inteligente"! É importante que a pessoa se dê conta do que se esconde por trás de suas perguntas: se é o interesse por aprender ou se está pondo em prática alguns dos jogos explicados mais acima.

Quando a pergunta se converte numa acusação, a melhor resposta é mostrar ao que pergunta que ele também tem esse traço que nos atribui. Por exemplo, se um paciente nos diz: Você não acha que é uma pessoa rígida pelo que diz?, podemos responder-lhe de tal maneira que seja ele que responda a essa pergunta, mas dirigida a si mesmo. Assim não só colocamos a descoberto as perguntas ardilosas, mas também lhe devolvemos o que possa haver de projeção.

É claro que há perguntas autênticas, com um sincero desejo de aprender e conhecer. Mas as perguntas falsas só têm como objetivo manipular os outros e competir com eles.

"Sim... mas..."

O "sim... mas..." é uma fórmula muitas vezes usada e que tem como objetivo evitar o compromisso e a responsabilidade. Perls dizia que o "sim... mas..." devia ser mudado em "sim... e..." Por exemplo, quando alguém diz: "Quero ir ao cinema, mas não posso porque tenho de estudar para um exame", ou "Gostaria muito de ir às compras com você, mas tenho de ir com minha mãe", a resposta adequada seria: "Quero ir ao cinema com você e escolho ficar estudando para o exame", no primeiro caso; e "Gostaria de ir às compras com você e escolho ir com minha mãe", no segundo. Esta simples fórmula me devolve o poder de fazer minhas escolhas e responsabilizar-me por elas. O "sim... mas..." só serve para lançar a culpa em algo ou em alguém fora de mim: ao exame, à minha mãe, etc., quando na verdade sou eu que escolho fazer uma ou outra coisa.

As técnicas

Às vezes as técnicas gestálticas tomam a forma de jogos, cuja finalidade é fazer-nos tomar consciência de nossos sentimentos, emoções e comportamentos. Frequentemente os jogos se transformam em técnicas e as técnicas em jogos.

Os jogos são muitos, e é impossível enumerar todos que atualmente são utilizados, uma vez que continuamente vão aparecendo outros. Sua finalidade é ajudar o paciente a descobrir suas resistências, promover uma maior tomada de consciência do que faz, pensa, diz ou sente, e facilitar seu processo de maturação, ao passar por momentos ou situações de bloqueio profundamente fixos e arraigados no corpo e na mente; em última análise, no ser humano como totalidade.

Os jogos são autênticos filões de experimentação. Em geral são simples de aplicar. Facilitam concentrar-nos mais em nós mesmos e em nossa relação com o entorno. Ajudam a tomar mais consciência, de uma forma direta e simples, de nossa maneira de entrar em contato com o mundo e permitem que os intercâmbios com o ambiente sejam mais gratificantes em função de nossas necessidades. Fomentam o autoapoio e a responsabilidade, além de aproximar-nos de nossa essência mais verdadeira.

A seguir, vamos enumerar alguns dos jogos que usamos em terapia gestáltica[7].

---

7. SPITZ, R.A. (1946). "Anaclitic depression". *Psychoanalitic Study of the Child,* p. 313-342.

Técnica do diálogo, da cadeira vazia ou da cadeira quente

Esta é uma das técnicas por excelência da terapia gestáltica. Consiste em fazer dialogar as diferentes partes que se opõem no indivíduo, e em colocar em contato aquelas outras que negamos ou rejeitamos. Já falamos anteriormente deste conceito dos opostos.

Esta visão dos opostos procede das tradições e das religiões orientais. Não obstante, foi Jung (1977b) o primeiro a dar-se conta da polaridade do comportamento, dos opostos que aparecem, inclusive na natureza. Quando uma das características desta polaridade se torna muito marcante, isto costuma dar-se em detrimento da outra. Como exemplos de polaridade podemos citar: "o passivo e o ativo", "o bondoso e o malvado", "o opressor e o oprimido", "o triste e o alegre", entre muitos outros. Esta aplicação ao comportamento e à personalidade abriu um extenso campo para explorar a psicologia dos opostos e a compensação de ambos. Se um deles ocupa muito espaço, irremediavelmente o outro terá sua presença diminuída. Ver a figura 9.1.

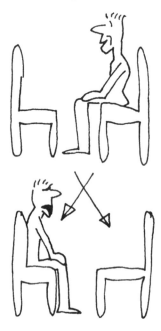

Figura 9.1 – A cadeira vazia

Esta mesma polaridade também se expressa em diferentes partes do corpo, como, por exemplo, "mão direita e mão esquerda", ou no espaço "em cima e embaixo" ou no tempo "antes e depois", etc. Com a técnica da cadeira quente, o sujeito vai entabulando diálogos entre as duas partes até integrá-las e fazê-las suas, reincorporando-as à sua personalidade, em especial aquelas partes de si mesmo alienadas e projetadas. Também pode desenrolar-se o diálogo entre o paciente e alguma pessoa significativa para ele. Por meio deste jogo, o paciente vai adquirindo a habilidade, não só de reincorporar partes suas projetadas nos outros, mas também a capacidade de colocar-se no lugar do outro. Isto lhe dá uma nova perspectiva e percepção do outro, com uma visão nova que pode ser enriquecedora para ele e para a relação entre ambos, podendo dar-se uma nova e mais criativa forma de diálogo.

Fazer a ronda

Quando o paciente expressou um sentimento que o terapeuta acha que é significativo e importante para o próprio paciente, ele o incita a repeti-lo diante de cada um dos componentes do grupo. Desta maneira, o sujeito experimenta de forma mais variada a expressão desse sentimento, e a confronta com os membros do grupo no qual emergiu este sentimento. Ver a figura 9.2.

Por exemplo, se o sujeito afirmou que estava farto do grupo, o terapeuta lhe dirá que faça a ronda e diga esta frase a cada um dos presentes, e que acrescente algum sentimento que lhe vá ocorrendo diante de cada um, e que trate de dar-se conta do que vai sentindo à medida que vai expressando este sentimento. Isto é, se o sente como autêntico ou não, e se o sente como autêntico somente diante de algum dos componentes, mas não diante dos outros, e se ele se dá conta desta diferença.

Este jogo é bastante flexível, por isso não é preciso limitá-lo a uma ação verbal, uma vez que pode incluir outras formas de com-

Figura 9.2 – Fazer a ronda

portamento como: aproximar-se, afastar-se, acariciar, assustar, lutar, etc.

Assuntos pendentes

Os assuntos pendentes são todos aqueles sentimentos e emoções não resolvidos, que não puderam ser exprimidos porque a pessoa não se atreveu, ou não teve oportunidade de expressá-los no momento em que surgiram ou quando tomou consciência deles. Ver a figura 9.3.

Todo mundo tem muitos assuntos pendentes com seus pais, amigos, filhos, cônjuges ou irmãos. Durante a psicoterapia, cada vez que se consegue identificar um desses assuntos pendentes, o terape-

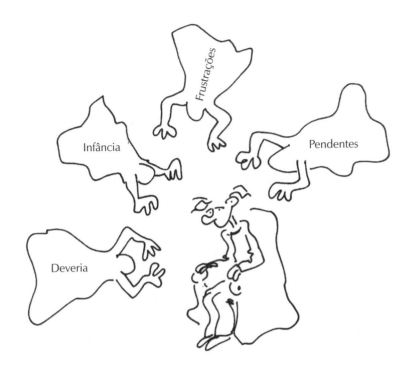

Figura 9.3 – Os assuntos pendentes

uta pede ao paciente que trate de resolvê-lo. Isto pode ser feito através de um encontro com a pessoa em questão (para o que utilizamos a técnica da cadeira quente); em todo caso, deve expressar-lhe abertamente aqueles sentimentos que não se atreveu a expressar em outro tempo. Quando se trata de uma pessoa que já desapareceu de sua vida (pessoas falecidas), primeiro expressam-se os assuntos pendentes que podem ser sentimentos agressivos, amorosos ou de qualquer outro tipo. Uma vez expressos os sentimentos que nutria, o paciente deve despedir-se desta pessoa e fechar a história que mantinha aberta com ela, e que frequentemente aparecia em sonhos, em imagens ou inclusive em mal-estar ou doenças, como acontece em algumas melancolias, depressões e outras somatizações.

Há muitas pessoas que se esquivam de dar um fim a assuntos pendentes, já que estão tratando de evitar precisamente o terminar uma relação e despedir-se. Esta evitação ocorre na maioria das vezes porque o não despedir-se proporciona uma série de benefícios. Assim, a pessoa sozinha, que vive apegada à lembrança de algum ente querido, evita sentir-se só ou comprometer-se com outra. E permanece aferrada à lembrança permanente sem desligar-se da pessoa ausente, porque isto lhe proporciona companhia e evita novos compromissos com a vida e com as pessoas que puderem aparecer no futuro.

Uma outra causa que dificulta a despedida é o medo de sentir dor: da separação, do vazio ou da solidão.

Uma das consequências de manter-se agarrado ou apegado são os sintomas físicos. Algumas pessoas identificam partes de seu corpo com pessoas que se foram ou desapareceram. Outras se identificam totalmente com pessoas que faleceram e têm assim aspecto de cadáver, com as mãos mais ou menos frias, os rostos pálidos, as vozes inexpressivas ou os movimentos lentos.

Outra consequência de manter-se apegado é uma atitude de autocompaixão e autocomiseração, sendo queixosos e culpabilizadores em relação à pessoa desaparecida. Ouve-se dizer de alguns pacientes algo como: "Se minha mãe tivesse me amado mais, minha vida não seria tão desgraçada como é". "Se meu marido, ou meu filho, ou aquela pessoa tão importante para mim não estivessem mortos, eu não estaria como estou", etc.

Uma terceira consequência está na dificuldade que a pessoa tem de estabelecer relações mais estreitas e íntimas com outras pessoas, pois seu contínuo agarramento e seu constante remoer acerca da pessoa desaparecida a impede de estabelecer laços com outras pessoas próximas. As energias que deveriam ser dirigidas para o exterior, dirigem-se para dentro, e a vida fica bloqueada e parada numa espécie de estado de espera de não se sabe o quê, porque nunca chegará esse encontro fruto da fantasia.

Perls dizia que os ressentimentos são os assuntos pendentes mais comuns e importantes, e os que mais impedem terminar uma situação ou relação. Os sentimentos de culpa também costumam ser ressentimentos não expressos. Nas relações íntimas, o que ocorre é que depois de certo tempo vão se acumulando os ressentimentos e os desenganos não expressos, até chegar a um momento em que os envolvidos não podem mais ver-se, nem ouvir-se, nem sentir-se um ao outro. O que aconteceu é que a relação foi se acumulando destes sentimentos não expressos. As pessoas que são capazes de expressar em cada momento o que estão sentindo (não de forma obsessiva), e vão solucionando os assuntos pendentes à medida que vão aparecendo, têm uma maior capacidade de despedir-se e podem suportar melhor a dor da separação.

Para trabalhar os assuntos pendentes, fazemos uma espécie de encontro com a pessoa com a qual o paciente se encontra enganchado. Para isto lhe pedimos que expresse os sentimentos que guarda em relação a essa pessoa e que não pôde expressar ainda: raiva, dor, ressentimento, amor, etc. Uma vez que o paciente sente que não tem mais coisas para expressar-lhe, perguntamos se ele se sente preparado para despedir-se. Se for assim, começa o processo de despedida. Pelo tom de voz, pela postura e pela convicção de suas palavras, podemos ver se realmente pode dizer-lhe adeus ou se ainda não está preparado. Às vezes, isto acontece porque ainda restam assuntos pendentes e ressentimentos não expressos.

Em geral, os efeitos benéficos destas despedidas costumam ser duradouros e a pessoa vai adquirindo maior interesse pela vida e pelas pessoas que a rodeiam. A energia desbloqueada com a expressão dos assuntos pendentes inunda a pessoa que reaparece com uma nova e mais criativa vitalidade. Não raras vezes, podemos observar isto rapidamente na cor de suas faces, na expressão de seus gestos e na forma de encarar a vida e as relações com o mundo. A vida se torna mais leve e aumenta o interesse e o comportamento mais positivo diante da vida e do mundo.

Torno-me responsável

Este jogo se baseia, em alguns de seus elementos, no contínuo de consciência, mas nele todas as percepções são consideradas atos. Por exemplo, quando um sujeito expressa algo que lhe está acontecendo, pode-se dizer-lhe que acrescente a essa percepção: "Eu me torno responsável por isto". Isto é, "estou ciente de que minha voz é tranquila e me responsabilizo por isso". "Me dou conta de que estou nervoso e intranquilo e me responsabilizo por isso". Com esta fórmula, o paciente deixa de lançar a culpa no mundo de seus estados e tem a oportunidade de fazer algo por si mesmo para mudar ou diminuir suas consequências. Ver a figura 9.4.

Figura 9.4 – Torno-me responsável

Embora isto pareça mecânico à primeira vista, vê-se em seguida que tem uma grande importância. Serve para que a pessoa se responsabilize por suas percepções e atos, e para evitar que vá pela vida lançando a culpa de tudo que lhe acontece nos outros. Permite-lhe dar-se conta de quais são suas necessidades e, como consequência, satisfazê-las. E, se não consegue satisfazê-las, responsabilizar-se por isso e não responsabilizar o mundo, no qual coloca a culpa e o poder. Este jogo lhe permite ser mais ativo na mudança de seu comportamento e assumir o poder que isso lhe proporciona. A partir desta experiência terá de aceitar que o que lhe acontece é porque faz ou deixa de fazer algo, e o resultado é o produto de suas ações ou omissões.

O jogo das projeções

Muitas vezes acontece que percepções, que consideramos realmente como tais, não são mais do que projeções. Por exemplo, um paciente diz ao terapeuta: "Não posso confiar em você, você não me inspira confiança". Então o terapeuta lhe pede que represente uma pessoa pouco digna de confiança. Isto serve para descobrir seu conflito interno neste âmbito. A uma outra pessoa que diz: "Você só faz isto por dinheiro. Não está verdadeiramente interessado em mim", o terapeuta dirá que faça e atue como uma pessoa que tem estas características: interessada, egoísta e que pouco se importa com os outros. Por trás desta atuação ele pode perguntar ao paciente se tem também esses traços, e se pôde ver algo seu refletido nessa pessoa imitada.

Antítese ou jogo de representação de papéis

Uma das maiores dificuldades nas quais tropeça o terapeuta para ajudar seu paciente a ver e tomar consciência do que lhe ocorre é que, muitas vezes, o comportamento manifesto costuma ser uma antítese dos impulsos subjacentes ou latentes. Na terapia gestáltica isto costuma ser tratado através do jogo da antítese. Para isto diz-se ao paciente, que confessa ser tímido e inibido, que represente o papel de exibicionista. Tratando-se de uma pessoa que não faz valer seus direitos e que é delicada demais com as pessoas, pede-se que faça o papel de uma pessoa egoísta e malvada. Com este jogo tentamos desenvolver a polaridade inibida, e assim libertar a energia contida nela, ampliando e melhorando seus recursos.

Ao representar estes papéis tão cheios de angústia para o paciente, ele toma contato com uma parte de si mesmo que havia permanecido reprimida e oculta durante muito tempo, mas que costuma ser portadora de uma energia potente que até este momento estava bloqueada.

A força que tem este recurso para permitir ao paciente que entre em contato com a energia bloqueada convida-nos, frequentemente, a utilizá-lo tanto em grupos como individualmente. É evidente que seu uso nos grupos provoca mudanças mais espetaculares. Ver a figura 9.5.

Figura 9.5 – Antítese ou jogo de representação de papéis

O ritmo contato-retirada

O grande interesse da terapia gestáltica pelos processos vitais leva-a a insistir na índole polar do comportamento. Esta polaridade pode chegar a extremos tais que a capacidade de amar se vê obstruída pela incapacidade de resistir à ira. O descanso é necessário para restaurar as energias. Segue-se à atividade o descanso, ou ao dia segue-se a noite. O comportamento é um processo dinâmico que vai mudando de acordo com as necessidades. Não podemos estar em permanente atividade ou passividade. Toda pessoa, em determinado momento, terá necessidade de evitar o contato. Em gestalt, isto não é considerado como resistência, mas como uma necessidade de contato-retirada do organismo. Em consequência, quando o paciente deseja afastar-se, é aconselhado a fechar os olhos e ir, em fantasia, a qualquer lugar ou situação em que se sinta seguro. Depois de descrever o lugar ou situação, pede-se a ele que abra os olhos e volte ao grupo. E continua-se a tarefa em que se encontrava. Muitas vezes, este mecanismo costuma servir para recuperar a energia que vai se apagando com o tempo ou o aborrecimento. Embora saibamos que o aborrecimento implica uma certa dose de agressividade não expressa, assim como a crítica é uma forma de retirar-se da experiência e evitar o compromisso do contato e a implicação que ele acarreta em nível emocional e afetivo. Estas duas formas de retirada indicam uma falta de recursos para viver e experimentar as vivências que essas situações provocariam no paciente. Poder-se-ia colocar às claras uma fraqueza que o sujeito não quer assumir ou mostrar. Se ele quer mostrar-se forte, poderoso e acima dos outros, a crítica é o mecanismo mais eficiente para consegui-lo, uma vez que o afasta dos outros e não precisa arriscar-se a que vejam suas carências e deficiências.

A crítica pode ser um bom mecanismo para as pessoas confluentes, porém sempre e quando tenha a finalidade de evitar que a conectemos com nossos sentimentos e necessidades, mas exatamente ao contrário, vivê-los e diferenciá-los das pessoas com as quais entramos em confluência.

De modo geral, com esta técnica fornecemos material novo, pois a retirada permitiu ao paciente recuperar energias e observar até aonde levou sua fantasia. Quando o paciente sente muita angústia pelo que está lhe acontecendo, pedimos que trate de permanecer com essa sensação e ir vivendo e dando-se conta do que lhe vai ocorrendo no campo físico, como também tomando consciência das imagens que o acompanham.

O enfoque gestáltico aceita a necessidade do indivíduo de afastar-se de situações em que a atenção ou o interesse diminuem, permanecendo porém consciente da direção que a sua atenção vai tomando quando se afasta, para que isto, por sua vez, produza material novo. Ver a figura 9.6.

Figura 9.6 – O mar retirando-se e aproximando-se da praia

Ensaio teatral

Segundo Perls, o ensaio teatral é, em grande parte, a preparação interna dos papéis que habitualmente temos de representar socialmente para manter a salvo nossa imagem e *status* social. A experiência de medo diante do público não é mais do que o temor de não fazermos um bom papel. No fundo está o medo de sermos rejeitados, de não nos sairmos bem, do nosso ponto de vista. Ver a figura 9.7.

Figura 9.7 – Ensaio teatral

Os integrantes do grupo tratam de compartilhar seus respectivos ensaios, e com isso tomam consciência dos preparativos a que recorrem para assegurar seus papéis sociais, e com eles sua fachada ou máscara.

Exagero

Este jogo também está vinculado ao princípio do contínuo de consciência. Em muitas ocasiões, os movimentos ou gestos involuntários parecem ter um significado, mas eles podem ser incompletos e não alcançar um desempenho total, e com isso entram no campo da inconsciência. Neste caso, pede-se ao indivíduo que faça de novo esse movimento e o exagere, se for preciso, procurando mostrar claramente o significado interno que ele pode ter. Ver a figura 9.8.

165

Figura 9.8 – Exagero

Também se utiliza esta técnica para o comportamento puramente verbal, no que se costuma chamar "jogo da repetição". Por exemplo, se um paciente diz algo que consideramos importante, e ele o diz rápida e despercebidamente, pedimos que repita esta frase várias vezes. Se for necessário, pediremos que repita a frase cada vez com mais força, aumentando sempre o tom de voz. Sem tardar começará a escutar-se a si mesmo em vez de emitir simplesmente palavras.

Às vezes acontece que, quando pedimos ao paciente que exagere um gesto ou movimento, vão se associando a ele determinadas frases ou emoções, tornando-se consciente algo que não pôde ser totalmente inibido pela censura. Eludimos a inibição da consciência e facilitamos a abertura aos sentimentos associados a esses gestos e posturas.

Você me permite que lhe dê uma sentença ou sinalizações?

Quando o terapeuta chega à conclusão de que existe uma certa atitude e mensagem implícitas no que o paciente acaba de expressar, poderá dizer-lhe: "Você me permite que lhe dê uma sentença? Repita-a para ver se lhe calha bem e diga-a a vários dos aqui presentes". Uma vez aceita a proposta, o paciente experimenta para ver qual é sua reação diante dela, enquanto vai repetindo-a a seus companheiros de grupo, e se lhe calha bem ou não, isto é, se tem sentido ou não para ele.

Via de regra, o terapeuta não oferece meras interpretações, mas sim observações que fez do comportamento e dos movimentos do paciente. Talvez o tenha visto rígido, frio, ausente, impotente, indiferente, etc. Com este jogo ele tenta ver se suas observações são corretas e servem ao paciente para ampliar o conhecimento de si mesmo e daqueles aspectos que tão frequentemente passam despercebidos. Incrementar o dar-se conta aumenta também os recursos do paciente, uma vez que ver-se atuar ou inibir-se em seu comportamento o levará a utilizar outras formas alternativas mais criativas, assim como a aumentar seus recursos e potencialidades.

10 Os sonhos

Introdução

Freud pensava que os sonhos representavam a via régia que leva ao inconsciente. Para Perls, no entanto, os sonhos são o caminho que conduz à integração. Ambos os conceitos são evidentemente aceitáveis e definem duas maneiras de ver que em si mesmas não são opostas, mas complementares.

A terapia gestáltica dispõe de uma série de jogos para conhecer, compreender e elaborar os comportamentos que o sonhador ou paciente traz à consulta. Nesse sentido, os sonhos ocupam um lugar privilegiado neste enfoque, pela imediatidade com que podem ser vividos e experimentados. Ver a figura 10.1.

Figura 10.1 – Os sonhos

Os sonhos têm várias funções e trazem grandes benefícios aos sonhadores. Até aquelas pessoas que acham que não sonham, sabemos que têm atividade onírica cada noite. Parece que não é possível uma vida saudável sem sonhos. Os benefícios, a finalidade e as funções dos sonhos vão muito além do que poderíamos imaginar.

Há várias décadas vêm sendo feitos muitos estudos que podem ser encontrados na extensa gama de livros que são constantemente publicados. Para os pesquisadores do sono e dos sonhos, a função primordial dos sonhos é fixar o que aprendemos durante o dia. Graças aos sonhos, a aprendizagem é gravada nas células do nosso cérebro e permanece à nossa disposição. Mas, como veremos, os sonhos têm muitas outras funções.

A técnica que os gestaltistas utilizam para trabalhá-los e chegar a compreender sua mensagem e seu significado consiste em pedir primeiramente ao sonhador que relate o sonho em forma presente, isto é, que o relate como se o estivesse sonhando neste exato momento. Mediante este simples mecanismo, a pessoa se compenetra mais intimamente com seu sonho do que se falasse simplesmente sobre ele. A seguir trata-se de situar o sonho no espaço, distribuindo as diferentes partes de que se compõe, como se estivesse sendo representado num cenário[8]. Assim o sonho se converte numa experiência nova e viva que permite à pessoa adquirir um maior compromisso com o que lhe está sucedendo em seu sonho.

Todos esses passos estão estruturados em função do conceito de Perls sobre os sonhos, considerados por ele como projeções e representações dos diferentes aspectos da personalidade do sonhador. Em sua obra *Sonhos e existência* escreve o seguinte: "Faço o paciente representar todos os papéis, porque só representando-os pode chegar à identificação total e à identificação oposta à alienação" (PERLS, 1974). Isto é, tenta fazer a pessoa tomar consciência daquelas partes de si mesma

---

[8]. Como vemos, esta técnica teve muita influência do psicodrama criado por Moreno. Cf. a bibliografia.

que estão projetadas, seja em pessoas, em objetos ou em conceitos. A alienação se dá quando a pessoa nega que existem nela partes que lhe pertencem. "Esse/essa não sou eu", dizemos quando alguns aspectos de nós não nos agradam. Isto empobrece a pessoa, e seus intercâmbios com o mundo se tornam mais reduzidos e disformes.

Perls evita toda interpretação, substituindo-a por dar à pessoa a possibilidade de descobrir-se, através de suas projeções, e de realimentar outros comportamentos mais satisfatórios.

Para Polster e Polster (1977), o sonho oferece outra perspectiva além da projetiva, aduzida por Perls. Para estes autores, o sonho serve para sondar as possibilidades de contato da pessoa e para aumentar a interação entre o paciente e o terapeuta, entre o paciente e certos aspectos de si mesmo, entre o paciente e outras pessoas do grupo ou de seu convívio. Não se trata só de projeções, já que nem tudo é projeção na vida, nem nos sonhos, e os sonhos são muito mais ricos do que meras projeções.

Quer dizer que o sonho não só contém projeções, mas também se pode ver, através dele, o tipo de contato que o paciente estabelece com os outros, a ativação de suas angústias, de seus temores, e todas as características que o contato pode assumir em cada pessoa, em cada momento.

No entanto, se examinarmos atentamente, veremos que Perls, ao elaborar os sonhos, combina ambos os aspectos: a projeção e o contato. Ele também faz a pessoa ver aqueles comportamentos evitativos e enquistados que a impedem de valer-se por si mesma.

A habilidade de Perls no manejo dos sonhos é extraordinária, por sua capacidade de deslocar a atenção de um aspecto do sonho para outro, dando assim profundidade e amplitude à experiência. Isto porque algumas vezes ele trabalha o sonho como projeção, outras vezes insiste na consciência que o sonhador tem de seus sentimentos, outras ainda no contato que a pessoa estabelece com os demais, e nos aspectos corporais e movimentos, ou no tom de voz que seu corpo ou suas palavras apresentam nesses momentos. Este deslocamento de um aspecto a outro é uma das grandes vantagens do método gestáltico, assim como a flexibilidade que dá ao terapeuta para escolher o foco de atenção, ou para abandoná-lo no caso de aparecerem aspectos mais importantes nesse momento, como podem ser movimentos, frases ou sentimentos e emoções.

Neste sentido, é muito grande a liberdade nos trabalhos com sonhos. Pode acontecer que uma frase, um movimento, um tique, num determinado momento em que nos encontramos trabalhando, chame nossa atenção. Passamos então a ocupar-nos deste novo aspecto que surge no aqui e agora.

Escolha dos elementos nos sonhos

Em todo trabalho com sonhos, convém observar que parte ou partes do sonho devem ser trabalhadas, no caso de ser um sonho muito extenso, e o que é o mais importante ou o menos importante, em função do tempo de que dispomos. Ver a figura 10.2.

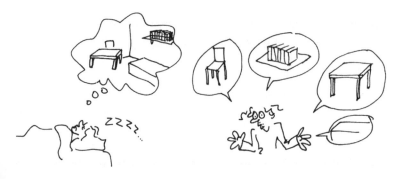

Figura 10.2 – A escolha dos elementos

Algumas vezes não nos fixamos no conteúdo do sonho, mas nas emoções que ele desperta no paciente.

Por outro lado, a função do terapeuta durante um trabalho de sonhos é sumamente variada. O terapeuta gestaltista dispõe de uma série de alternativas, entre as quais pode escolher aquela que lhe pareça mais eficaz para a elaboração do material que o paciente lhe dá. Esta escolha pode ser feita das seguintes maneiras:

1) Algumas vezes é o próprio paciente que escolhe a parte do sonho que quer trabalhar, seja porque lhe é mais chamativa ou mais enigmática, ou porque o preocupa mais nesse momento.

2) Outras vezes a escolha caberá ao terapeuta. Neste caso ele vai escolher baseado em alguns princípios que ele acha importantes, como:

a) Tomar a parte em que vemos aflorar o conflito e onde as resistências não são tão marcantes que sejam capazes de desfazê-lo no momento.

b) Prestar mais atenção às emoções e aos sentimentos que estão surgindo no paciente do que ao próprio tema do sonho. Para isto é importante que se tome consciência do que ele está fazendo ou sentindo, isto é, focalizar-se nos comportamentos não verbais. Outras vezes nos fixamos não no que ele diz, mas em como o diz (com raiva, em forma de vítima, sorrindo, etc.), e podemos deixar que se adentre nas emoções que vão surgindo (fundamentalmente na emoção mais forte) para que vá se colocando no próprio centro dessas emoções e em sua localização, em nível físico. Com isto pode chegar a ter vivências muito intensas e libertadoras de energia. Deve-se isto ao fato de que o sonho, na maioria das vezes, é o meio através do qual se expressam, mais ou menos encobertamente, fortes emoções e zonas conflitivas, nas quais temos de mergulhar, se quisermos entrar em contato direto com aquelas partes enfermas, inibidas, reprimidas, negadas ou projetadas. A riqueza dos sonhos é tal que só experimentando com um desses trabalhos podemos apreciar sua importância e transcendência.

O terapeuta precisa estar sempre com a atenção desperta para captar as manobras do paciente a fim de evitar que ele entre nestes aspectos, muitas vezes pouco agradáveis. Deve estar atento às manipulações do paciente, a qualquer sinal ou palavra carregada de emoção; deve dar-se conta da incongruência entre o que o paciente está narrando e como o narra, para detectar se, como mecanismo de defesa, ele inibe toda a parte emocional do que diz, evitando emocionar-se ou entrar em contato com os sentimentos dolorosos.

c) A escolha do tema costuma ser feita começando sempre pelos elementos inanimados, já que estes provocam menos racionalizações do que se escolhêssemos pessoas, e porque as pessoas podem provocar mais angústia e, portanto, mais defesas e recusa a trabalhar com elas. Não obstante, chegado o momento – que costuma ser quando aparece algum familiar significativo para o paciente, com o qual tem assuntos pendentes e situações inconclusas que aconteceram quando ele ainda era muito pequeno, ou porque essa figura desapareceu antes que ele pudesse confrontar-se ou despedir-se dela –, não duvidamos em trabalhar com pessoas e deixar os elementos inanimados até outro momento, se for preciso. Deve-se evitar trabalhar aqueles sonhos nos quais todos os elementos que aparecem são inanimados – sem movimento nem vida –, pois, em alguns casos, estes sonhos costumam ser criados pelos psicóticos ou pessoas pré-psicóticas, e seu trabalho pode precipitar uma crise, uma vez que vão nos introduzindo nas partes "mortas", sem vida, da pessoa, onde não há energia. O mesmo acontece com os sonhos nos quais aparecem os pacientes comendo excrementos. Estes dois tipos de sonhos exigem mais atenção. Quando falamos de elementos inanimados, referimo-nos a todos aqueles em que não há nenhuma possibilidade de crescimento, nem movimento de qualquer tipo. Se aparecem água, árvores ou qualquer elemento que contenha vida dentro de si, já não entra nesta categoria. E quando falamos de comer excrementos, não entra na mesma categoria o olhá-los, tocá-los ou expulsá-los.

d) Outras vezes nos detemos nas situações inconclusas e trabalhamos com elas até que o paciente as termine e encerre de vez. Como vimos anteriormente, toda situação que não pôde ser concluída, nem portanto satisfeita sua necessidade, provoca detenção da energia, que não se porá em funcionamento até que esta situação seja terminada.

e) Escolhemos os elementos opostos ou bipolares. Agimos assim porque, quase sempre, nos opostos, um deles domina dentro da polaridade, em detrimento do outro; um traço predomina sobre seu oposto, e com isto nos privamos de exercer ou poder ser ambas as coisas. Por exemplo, um introvertido se priva das vantagens que poderia proporcionar-lhe o poder ser extrovertido, em determinadas circunstâncias, ou o extrovertido de ser introvertido.

Formas de trabalhar os sonhos

A seguir, vamos enumerar brevemente algumas formas de que dispomos em gestalt para trabalhar os sonhos.

1) *Método da cadeira quente ou da cadeira vazia.* Este é um dos mais usados em gestalt. Consiste em fazer a pessoa dialogar com as diferentes partes ou elementos que aparecem em seus sonhos. Procuramos fazer este jogo da cadeira vazia com os opostos que costumam ser os elementos que mais frequentemente geram conflito e tentamos fazer que ambos se integrem na personalidade como partes que são do si mesmo, embora não possamos vê-lo devido a essa predominância que um traço mantém sobre seu oposto. Ver a figura 10.3.

Este diálogo também pode ser feito entre o paciente e uma pessoa significativa para ele. Este jogo permite ao paciente não só adquirir a habilidade para colocar-se no ponto de vista dos outros, mas também recuperar as projeções lançadas nos outros que o impedem de vê-los exatamente como são.

2) *Técnica do ir e vir.* Esta técnica era usada por Perls (1976) em seus grupos. Consiste em começar a trabalhar o sonho da forma ha-

Figura 10.3 – Cadeira quente ou cadeira vazia

bitual e, chegado a um ponto em que consideramos que o paciente disse algo importante, ele é trazido ao grupo para que diga isso mesmo a alguns de seus companheiros. Por exemplo, se uma paciente, ao identificar-se com um pedaço de gelo, diz: "Sou fria e rígida", pede-se a ela que diga o mesmo a alguns companheiros do grupo e que acrescente qualquer coisa que lhe ocorra. Pode dizer-lhes: "Sou rígida e fria, e como você se aproxima de mim vou esfriá-la". Pode acrescentar qualquer frase a partir da primeira ideia que surgiu. Isto enriquece a experiência e o dar-se conta.

Esta técnica se baseia no jogo de fazer a ronda, e é muito proveitoso para evitar que frases importantes passem despercebidas ao paciente.

3) *Ir de um elemento a outro do sonho*. É uma variante da técnica anterior. Pode-se usá-la dentro do próprio sonho, fazendo a pessoa ir de

um elemento a outro, tentando recuperar aspectos projetados nos diversos elementos. A vantagem desta variedade é que podem ser vistas em pouco tempo muitas projeções; a desvantagem é que, ao dar muitos dados ao paciente, ele não consiga assimilá-los e acaba perdendo-se no emaranhado de projeções. É indispensável um certo tempo de assimilação para que o dar-se conta e seus efeitos sejam proveitosos. Ver a figura 10.4.

Figura 10.4 – Técnica de ir de um elemento a outro

4) *Técnica da projeção-identificação*. Esta técnica consiste em tentar fazer a pessoa identificar-se com alguém que aparece no sonho, que é um personagem significativo, e que, a partir desse alguém, vá dizendo como agiria e como se comportaria se fosse esse personagem. Esta é uma forma bastante rápida de pôr-se em contato com os sentimentos e as emoções, assim como no ponto de vista do outro. Com as crianças obtêm-se resultados muito bons com esta técnica. Para elas é mais simples do que qualquer uma das outras. Um exemplo desta técnica seria o seguinte: "Se você fosse essa pessoa (papai, mamãe, a professora), como agiria?" Com esta simples fórmula de identificação-projeção permitimos ao paciente que, ao identificar-se com outro personagem, expresse os sentimentos e as emoções de forma projetada que, de outra maneira, não se atreveria a formular.

Com as crianças esta técnica é muito produtiva, pois para elas é como um jogo no qual lhes é permitido representar algum personagem através do qual podem expressar, sem medo, sentimentos agressivos ou de raiva que, de outra maneira, não poderiam ou não se atreveriam a fazê-lo. Pode-se também fazer com pinturas ou desenhos feitos pelas crianças; para isto são elas convidadas a responder as seguintes perguntas: "O que você faria se fosse esse lobo que desenhou? Como agiria se você fosse a professora, o papai, a mamãe, o cachorro, etc.?"

5) *Técnica de seguir cada nova imagem que vai surgindo no sonhador à medida que vamos trabalhando o sonho ou uma sensação física.* O trabalho com sensações físicas e seu seguimento progressivo é um dos exercícios com os quais se pode aprofundar mais, e cujos resultados costumam ser mais satisfatórios e duradouros. O trabalho com o corpo nos coloca em contato direto com as tensões e, por conseguinte, com os conflitos. Depois de um bom trabalho corporal, a energia torna a escorrer com fluidez pela zona bloqueada, e se produz uma nova sensação de vida. A respiração se torna mais ampla e o corpo em geral adquire um novo tônus vital. As faces tornam a adquirir uma cor rosada, como se uma parte da vida bloqueada nessa zona se recuperasse e a voz pudesse tornar-se mais firme e ao mesmo tempo mais leve. Há uma mudança geral no aspecto do paciente que podemos perceber em todo seu corpo.

6) *Representação coletiva do sonho.* Esta técnica foi proposta por J. Zinker (1980). Esta forma de elaborar o trabalho com os sonhos vai além do próprio sonho e inclusive do sonhador. Esta modalidade consiste em utilizar a colaboração ativa e em massa dos membros do grupo. Para isto o sonhador deve repartir os papéis entre os membros do grupo, ao mesmo tempo que aceita outros atores voluntários, todos os que interpretam partes de seu sonho. O sonhador escolhe entre os companheiros de grupo alguns deles para que representem elementos que aparecem em seu sonho. Assim, os demais têm a oportunidade de explorar também as projeções feitas sobre esses ele-

mentos, ajudando o sonhador a elaborar seu sonho, ao mesmo tempo que elaboram aspectos dele. Segundo Zinker, este sistema tem a vantagem de assegurar a participação ativa do grupo e tirá-lo do papel de simples observador que normalmente é o seu. Este sistema está mais relacionado com a técnica psicodramática do que com a gestáltica, mas nem por isso deixa de ser proveitosa na hora de trabalhar com os sonhos e obter os melhores resultados dos mesmos, tanto em nível grupal como individual, em pouco tempo.

Para Perls e para os gestaltistas, os sonhos são uma espécie de mensagem existencial, e qualquer técnica é boa se for utilizada no momento oportuno.

Algumas características dos sonhos

1) Sempre nos lembramos melhor dos sonhos quando estamos meio dormindo, ao terminar de sonhar. A profundidade e a imediatidade do sonho torna mais provável e fácil recordá-lo.

2) O significado do sonho está em função das características daquele que sonha, de sua experiência e de sua situação atual.

3) Todas as pessoas sonham em média de quatro a cinco vezes por noite. Não lembrar os sonhos deve-se, na maioria das vezes, a não prestar-lhes atenção e porque os processos que sucedem não são tão perturbadores que cheguem a provocar pesadelos. Às vezes a intenção de recordá-los não é suficiente para que isto ocorra, uma vez que existem defesas que impedem que os lembremos. E isto acontece porque frequentemente os sonhos não nos dizem coisas agradáveis sobre nós mesmos.

4) O que predomina nos sonhos são as impressões visuais (em geral são elas que são mais lembradas); mas também intervêm outros sentidos como o olfato, o tato e, como todos sabemos, também aparecem as emoções.

5) As cores aparecem muitas vezes nos sonhos. Só aquelas pessoas menos sensíveis às cores, ou as pessoas enfatuadas sonham em

branco e preto. Também aparecem nos depressivos, nas etapas próximas às fases depressivas.

6) Em algumas pessoas os sonhos são recorrentes ou repetitivos, nos quais mudam umas vezes alguns aspectos e alguns elementos, e outras vezes permanecem intactos ao longo do tempo que duram. Estes sonhos repetitivos são os que Perls qualifica de sintoma de um assunto pendente, de situação inacabada que se repete várias vezes, como uma tentativa para solucionar esta situação. Estes sonhos, uma vez trabalhados, tendem a desaparecer. Extrai-se a mensagem, resolve-se a situação pendente, e este sonho dá lugar a outros.

7) Os pesadelos, devido à intensidade com que são vividos, têm geralmente um significado valioso para o sonhador, além de encerrar uma mensagem. Costumam aparecer em momento de crise da pessoa que os sonha. Outras vezes aparecem em momentos em que a pessoa sofre uma doença ou tem febre alta.

8) Os sonhos são um fenômeno normal que aparece desde o nascimento. Alguns pesquisadores garantem que antes do nascimento há certa atividade no cérebro que poderia assemelhar-se à atividade onírica. Acredita-se que os animais também sonham. De fato, em alguns momentos, enquanto dormem, podemos notar movimentos oculares rápidos que são os que acontecem nos períodos do sonho, assim como sons e movimentos involuntários.

9) Sucede, às vezes, que alguns ruídos e outras percepções que nos chegam do exterior – como odores ou sensações – se incorporam e se mesclam com o resto do sonho, chegando a passar despercebidos. Seja como for, o que acontece frequentemente é que não são levados em conta.

10) Há pessoas que podem influir na produção de seus sonhos, agregar-lhes elementos, criar determinados temas, ou despertar dando-se conta de que estão sonhando e continuar o sonho dentro do sonho. Com a hipnose podem ser induzidos sonhos rela-

cionados com problemas presentes ou passados. De toda maneira, desconhece-se o mecanismo que leva a pessoa a esse sonho, mesmo que esteja bastante relacionado com a indução de qualquer tipo de comportamento mediante ordens hipnóticas.

11) Os sonhos são a parte mais simbólica criada pelos seres humanos. Também não se sabe por que são tão simbólicos. Talvez pela maneira como aparecem sejam mais aceitáveis as mensagens que nos trazem do que se seu conteúdo fosse mais explícito e direto. A censura procura mitigar a dor e a crítica que muitas vezes os acompanham.

12) Se privamos uma pessoa de sonhar, despertando-a cada vez que começa a sonhar, depois de vários dias (de três a seis) aparecem sintomas de irritabilidade e perturbações emocionais. Deduz-se daí que o sonhar não só é natural, mas imprescindível aos seres humanos. Se os privarmos deste sonho por mais tempo, podemos provocar-lhes transtornos mais graves.

13) Entre gêmeos univitelinos há casos de terem o mesmo sonho ao mesmo tempo. Uma pessoa que tivemos em terapia contava que, quando ela estava despertando de um sonho em que saía da ducha, sua irmã, que estava na cama ao lado dormindo, dizia-lhe entre sonhos que fechara a ducha e estava saindo da água. Quando ambas comentaram seus sonhos, deram-se conta de que era o mesmo sonho com alguns matizes próprios de sua individualidade. Podemos dizer que, por enquanto, este tipo de sonho entra no campo da parapsicologia e do inexplicável.

Formas para trabalhar os próprios sonhos

Wilson van Dusen aponta uma série de normas para trabalhar os próprios sonhos. Vamos enumerar aqui algumas delas.

1) Supor que tudo que há no sonho sou eu. Para isto trato de identificar-me, em fantasia, com esses aspectos que aparecem no

sonho, desde uma casa a um animal, ou a qualquer coisa que faça parte do sonho.

2) Quando alguém não pode identificar-se com algum dos personagens do sonho, tentamos interpretar esse personagem e, a partir desse papel, diremos ao sonhador o que é que está tentando dizer-lhe, e o entorpecimento que se coloca diante de algo que ele não gosta de escutar ou do que está evitando dar-se conta. Em geral costumam ser coisas desagradáveis. Daí a dificuldade de identificar-nos com elas.

3) Expressar tudo que se vai sentindo no sonho. Vamos descrevendo o que vamos vivendo e sentindo, tentando reconhecer significados do mesmo que nos passaram despercebidos num primeiro exame.

4) Tratar de trabalhar os sonhos logo ao despertar, quando a pessoa se encontra ainda meio sonolento. Neste estado o sonho ainda está "quente", e é mais fácil recuperar tanto a trama como as emoções e os sentimentos que tivemos no mesmo.

5) Buscar nos sonhos pequenos comentários não muito lisonjeiros para o sonhador, pois os sonhos costumam mostrar-nos em geral aspectos pouco agradáveis. Até quando aparecem elogios, estes costumam vir mesclados com algumas doses de críticas.

6) Embora pareça algumas vezes que os sonhos são premonitórios, não buscar essa característica, pois raras vezes o sonhador sabe o que estão predizendo até que ocorra o fato. Na maioria das vezes o sonho está falando de coisas presentes, e nos dá informação a respeito delas. O que acontece é que neles intervém muita informação sobre o nosso meio e nossas relações e contatos, que recebemos de forma inconsciente.

7) Os sonhos refletem pensamentos muito profundos que podem transcender nosso entendimento comum, o que torna quase impossível penetrar em seu significado.

8) Os "grandes" sonhos, ou sonhos extensos e profundos, costumam ser lembrados com maior dificuldade, e frequentemente

mostram partes muito importantes e formas de agir da pessoa em níveis mais profundos. Nesses sonhos há uma espécie de voltar-se introspectivamente, ao mesmo tempo que a mensagem é mais transcendental para a vida de quem a sonha. Nesses casos é melhor examiná-los globalmente (não por partes) e ver qual é a mensagem como totalidade, qual é o sentimento que predomina ao longo do sonho e como nos vemos nele, no caso de aparecermos no mesmo.

Benefícios que podem ser obtidos dos sonhos

Do trabalho pessoal com nossos sonhos podemos obter múltiplos benefícios, entre os quais destacam-se os seguintes:

a) Recordam-nos as nossas necessidades.

b) Dão-nos uma nova visão do que estamos fazendo ou vivendo no nosso presente existencial.

c) Avisam-nos quando começamos a ter problemas ou conflitos com os outros, com o meio ambiente ou conosco mesmos.

d) Dão-nos, de uma maneira interna, uma visão do valor que determinadas pessoas têm para nós.

e) Oferecem-nos uma visão mais clara de nossos verdadeiros valores e podem elucidá-los se estão emaranhados ou confusos.

f) Às vezes nos indicam formas de agir mais coerentes do que as que estamos utilizando nesses momentos.

Estes benefícios podem ser observados à medida que vamos trabalhando nossos sonhos e nos colocamos em contato mais direto com seu significado e, em última análise, com sua mensagem.

Para finalizar este capítulo, transcrevemos algumas linhas sobre os sonhos, de Adriana Schnake (1987):

> Só quando uma pessoa se convenceu inteiramente em ser uma caixa fechada e vazia, ou um objeto decorativo, ou um tambor de lixo... e mediu toda a limitação e "fa-

libilidade" que há nela mesma e aceitou a angústia deste limite, pôde, a partir daí, ver o endeusamento e onipotência com que combate isto e conseguiu encontrar energia para defender sua existência. Embora fosse algo perecedouro e frágil, consegue dar-se conta de que há nela um ser real e único com determinação a ser o que é e a aceitar com satisfação sua existência [sic].

Evidentemente, a aceitação do que somos, ainda que não corresponda ao ideal do eu, ou ao ideal do que gostaríamos de ser, é o que é. É tudo aquilo que nos completa e nos afasta da alienação.

11 A função do terapeuta

O propósito da terapia gestáltica é ajudar as pessoas a redescobrir sua capacidade de dar-se conta do que estão vivenciando realmente, seja qual for sua vivência ou sua experiência.

Toda técnica pode ser utilizada habilmente ou, pelo contrário, de forma incompetente e errônea. Às vezes, o que se pode dizer de bom ou de mau de uma técnica não depende dela, mas da pessoa que a utiliza e pela forma que a utiliza.

Fagan e Shepherd (1973) descrevem uma série de características que os terapeutas devem ter. Consideramos que são boas qualidades, razão pela qual as incluímos neste texto. Esperamos que sirvam de guia para a formação de futuros terapeutas gestálticos.

Seja qual for a experiência que uma pessoa esteja vivendo, sua vivência deve ser respeitada. Existem muitas maneiras de não respeitar a experiência de uma pessoa durante seu trabalho terapêutico. O terapeuta deve tê-las em mente, se não quiser que seu trabalho se veja afetado ou se converta numa forma de manipulação da pessoa que vem em busca de ajuda.

Algumas das maneiras mais comuns de interferir na experiência dos pacientes são estas:

- julgando;
- ajudando de forma inadequada;
- assinalando deveres e obrigações;

- dando explicações quando não é o momento nem a situação.

Vejamos em detalhe cada uma delas.

Julgando

Julgar é uma forma de culpar, condenar ou rechaçar uma pessoa.

Quando, no grupo, alguém chega a vivenciar e experimentar certas emoções ou sentimentos, para algumas pessoas serão estranhos; para outras, condenáveis, extravagantes, ou raros. Com os sentimentos críticos que podem surgir da parte de algum companheiro, como desprezo, zombaria ou condenação, a pessoa está sendo julgada e condenada por sua experiência, e isto desalentará os outros a expressar-se, a abrir sua própria experiência e consequentemente sua exploração. O coordenador, nestes casos, deve ser suficientemente aberto para aceitar e reconhecer a experiência de uma pessoa, por mais estranha que seja. Deve, também, ser capaz de frear as críticas dos outros membros, sejam elas verbais ou não. Quando alguém julga ou recrimina a experiência de outro, o coordenador pode fazer duas coisas:

- PRIMEIRO. Pode assinalar à pessoa que está julgando que o que ela está fazendo é apenas uma fantasia e não um dar-se conta do sentimento que esta crítica esconde.

- SEGUNDO. Pode explorar a experiência da pessoa que julga. Talvez essa pessoa esteja sentindo medo, vergonha, incômodo ou confusão, e essa é sua experiência. O julgamento não lhe servirá para nada, exceto para que outras pessoas, cuja autocrítica é muito marcante, se abstenham de experimentar vivências e sentimentos que também podem ser recriminados pensando que são vergonhosos.

Ajudando

Uma das maneiras mais comuns de não respeitar uma pessoa – e também uma das formas mais aceitas por nossa sociedade – é ajudá-la, correndo rapidamente em seu auxílio quando se sente mal ou incômoda. Ser serviçal com uma pessoa, apressar-se em consolá-la, fazer-lhe uma brincadeira num certo momento para ajudá-la a evitar sentimentos dolorosos, impede a pessoa de vivenciar plenamente sua tristeza, raiva, solidão, quando só experimentando-as plenamente é que se pode aceitá-las e assimilá-las como outros tantos sentimentos próprios. Este comportamento de vivenciar a fundo estas sensações sem evitá-las ajuda a pessoa a integrar sentimentos à sua vida, permitindo-lhe desenvolver-se como ser humano mais completo e integrado. O que acontece é que o ajudador, ao ajudar a outra pessoa, está tentando de alguma maneira ajudar-se a si mesmo através do outro. Se ele chega a impedir que surjam no outro sentimentos dolorosos, acorrendo em seu auxílio, ele detém a expressão de sentimentos que seriam dolorosos para ele. Acontece também às vezes que o ajudador, ao ajudar alguma pessoa, se convence a si mesmo e aos demais de que ele é capaz de ajudar os outros e não precisa da ajuda de ninguém. Quase todo ajudador tem sentimentos marcantes de desamparo que se atenuam quando pode ajudar a alguém. Isto se dá com mais frequência nas profissões de ajuda, como psicólogos, mestres ou assistentes sociais, para dar alguns exemplos.

Para investigar e explorar nossos próprios sentimentos de desamparo e evitar uma ajuda entorpecente, é preciso haver um diálogo imaginário com alguém a quem se ajuda ou se trata de ajudar, desempenhando ambos os papéis para descobrir como está tratando de ajudar a si mesmo ajudando a outros.

Quando uma pessoa trata de ajudar a outra, pressupõe que esta necessita de ajuda e, ao mesmo tempo, estimula o sentimento de desamparo da pessoa à qual tenta ajudar. Com isto a pessoa ajudada sempre poderá manejá-la, a fim de que vá em sua ajuda sempre que não queira enfrentar situações que lhe são difíceis. Desta forma, tanto o ajudador como o ajudado dependerão mutuamente um do outro. Nesta situação aplica-se grande quantidade de energia: o ajudado a aplica em manipular os outros para que o ajudem, e o ajudador em ajudar o outro, em vez de descobrir sua necessidade e seus sentimentos de desamparo.

Todo mundo dispõe de um enorme potencial que algumas vezes utiliza para manipular os outros e outras vezes deixando simplesmente de utilizá-lo. A maioria das pessoas é muito mais capaz, inteligente e forte do que nós e elas pensam que são. Podemos ver isto em muitas situações-limite em que a pessoa não tem a quem recorrer em sua ajuda, ou em situações que achamos que ninguém poderia resistir-lhes.

Quando nos dispomos a ajudar os outros, também nos dispomos a ser manejados por eles.

O único modo que há de ajudar verdadeiramente a alguém não é ajudando-o a fazer algo, mas ajudando-o a dar-se conta de sua própria experiência, de seus sentimentos, ações e fantasias, insistindo em que explore sua própria fantasia, responsabilizando-se e experimentando-a mais profundamente. Se uma pessoa está triste, deve explorar sua tristeza e vivenciá-la o mais profundamente antes que possa assimilá-la, desenvolvê-la e sair dela. Se uma pessoa está aborrecida, deve sentir e expressar realmente seu aborrecimento em vez de fugir dessa experiência para evitá-la.

Assinalando deveres e obrigações

Todo terapeuta deve evitar criar deveres e obrigações em seus pacientes, pois em vez de fazer oposição às obrigações impostas pela sociedade com outras contrárias, o que faz é criar uma nova capa que se sobrepõe às obrigações já existentes. Se o terapeuta diz que uma pessoa deveria ter uma experiência particular, esta ideia é um obstáculo à verdadeira experiência dessa pessoa em cada momento, pois estará mais dependente do que diz o terapeuta do que de sua própria experiência, desejos e necessidades, e manipulará sua experiência para adaptar-se aos desejos do terapeuta.

Explicando

Interpretar e explicar comportamentos é um sistema bastante aceito de "compreender" a experiência, mas só serve, na maioria das vezes, para evitar a experiência e, com ela, os sentimentos desagradáveis que ela traz consigo.

Explicar, interpretar e justificar são atividades da fantasia. Isto é, são formas de falar da experiência em vez de vivenciar e sentir essa experiência. Não obstante, todo encontro genuíno, todo dar-se conta e todo aprofundamento na experiência não se realiza interpretando e explicando, mas vivenciando-a e, para isto, buscamos os detalhes que nos levam a ela fazendo perguntas como estas: Como você se sente? O que está acontecendo com você neste momento? O que está sentindo e experienciando agora? Trata-se de perguntas úteis que podem ajudar a tomar mais contato e consciência dos detalhes específicos da vivência.

Outra situação que todo coordenador de grupos deve evitar é assumir a responsabilidade do grupo ou de algum de seus integrantes. O que pode fazer é tratar de manter alerta a atenção das pessoas sobre o dar-se conta de cada um, interrompendo qualquer coisa que interfira neste ponto.

Características do terapeuta

Já falamos antes do que todo terapeuta deve evitar se realmente quiser prestar um bom serviço a seu cliente. Vamos agora descrever as características de que deve ser dotado para manejar bem um processo terapêutico. Segundo Fagan e Shepherd (1973) um terapeuta deve apresentar as seguintes características:

- pautação;
- controle;
- potência;
- humanidade;
- compromisso.

Pautação

O terapeuta deve ser capaz de reconhecer uma série de características, sintomas, movimentos, tom de voz e aspectos básicos do comportamento da pessoa que vem fazer uma terapia.

Deve saber que o paciente, desde o momento em que entra em seu consultório, vai lhe dando informação, e por isso deve ir acumulando toda a informação possível que lhe permita compreender melhor seu cliente desde o primeiro encontro. Recolherá tanto os dados que o paciente lhe traz do passado, como os do presente, não só com suas palavras, mas também com aqueles dados que não lhe dá verbalmente, e que se percebem através da linguagem de seu corpo.

Controle

Por mais clara que seja a pautação ou diagnóstico do terapeuta, se ele não está em condições de assumir o controle das sessões, pouco ou nada poderá fazer para que se opere a mudança no paciente.

Por controle entende-se a capacidade do terapeuta de conseguir que o cliente aceite seguir uma série de procedimentos fixados por ele, que podem incluir uma ampla gama de técnicas e jogos com os quais trabalha a terapia gestáltica. Se o paciente não está disposto a colaborar ou trata de manobrar e levar o terapeuta para onde ele deseja, o controle passará às mãos do cliente e pouco ou nada poderá o terapeuta fazer por ele.

A importância de conseguir o controle desde o primeiro momento se apoia no seguinte: qualquer sintoma tem como função procurar controlar os demais e forçá-los a atuar exatamente como o paciente quer. O terapeuta deve contrariar o controle que o paciente tentará exercer sobre ele e o ambiente, procurando estabelecer as condições necessárias para um bom desenrolar de sua tarefa.

É preciso que o terapeuta advirta, ponha às claras e contrarie os esforços do paciente para conseguir o controle mediante procedimentos gestálticos, utilizando os sintomas ou qualquer outro aspecto que surja em cada momento. Deve estar atento para que o paciente não o aborreça, o assuste ou o iluda. Deve ser hábil para que ele não o engane ou lhe pareça demasiado entretido, e deve estar atento para que não o leve à comiseração. Se o paciente consegue algum destes objetivos, a tarefa do terapeuta se verá seriamente afetada.

Potência

O terapeuta deve poder ajudar seu paciente a acreditar e evidenciar seus serviços; se percebe que não é capaz de ajudá-lo, deve falar abertamente com ele e expressar-lhe seus pensamentos e sentimentos em relação às suas dúvidas de não poder ajudá-lo.

Uma pessoa que solicita uma assistência terapêutica específica tem direito a esperar que lhe seja oferecida. Por esta razão, o terapeuta deve ter o maior e mais amplo conhecimento possível de técnicas, jogos, experimentos e procedimentos para indicar instruções e sugestões que possam superar a inércia do cliente e promover o movimento.

Cada tipo de psicoterapia tem técnicas nas quais baseia sua forma de agir e o tratamento que oferece. Também sabemos que a psicanálise utiliza a interpretação e a análise. Outros praticam a hipnose, analisam transações, dão sugestões, etc.

Uma das contribuições mais importantes da terapia gestáltica está no poder de suas técnicas. Elas permitem alcançar com grande rapidez níveis emocionais e de compensação muito profundos. A cadeira quente é uma das técnicas mais poderosas e rápidas para proporcionar conhecimentos e mudanças importantes e duradouros.

Humanidade

O termo humanidade supõe no terapeuta um interesse e cuidado por seu paciente num plano pessoal e afetivo. Funda-se em sua boa disposição para compartilhar com o paciente suas próprias reações afetivas, sempre e quando estas não afetem negativamente seu cliente ou o terapeuta não as utilize para seu próprio bem-estar e não para o de seu cliente. Falar-lhe de suas próprias experiências quando for pertinente e adequado ao momento. Sua humanidade também se encontra em sua capacidade de advertir e assinalar as tentativas que o paciente faz em busca de uma maior autenticidade, e para dar-lhe apoio e reconhecimento. E, por último, também se funda em sua própria abertura para um maior crescimento, o qual servirá de modelo a seu cliente.

O terapeuta deve indagar em sua própria interioridade para saber em que momento só sua presença pode contribuir de forma mais importante para o processo de desenvolvimento, e quando uma simples reação espontânea e natural de um ser humano frente a outro é mais valiosa do que todo seu interesse e afã terapêutico.

Compromisso

Todo processo terapêutico exige um certo número de compromissos mais ou menos rígidos ou de maior ou menor importância.

O terapeuta assume compromisso com sua profissão desde o momento em que decide dedicar-se a ela. Este primeiro compromisso com sua profissão implica outra série de compromissos, entre os quais está o contínuo desenvolvimento de suas capacidades, tanto de compreensão como de conhecimento. Isto requer altas doses de interesse e de energia. Implica um avanço contínuo em seu desenvolvimento pessoal e em seu interesse por aumentar seus conhecimentos. Implica, também, tratar de fazer aportes à teoria que utiliza, ao elaborar e criar novas formas obtidas de sua prática diária e de seu interesse particular; e inclusive, levado a horizontes mais amplos, implica dedicar certo tempo à pesquisa, contribuindo para ela com trabalhos, escritos e atividades docentes.

Quanto a seus clientes, ele contrai o compromisso de compreendê-los e de ampliar suas capacidades e treinamento para levar a bom termo uma terapia.

Nenhum terapeuta pode evitar que, por períodos de maior ou menor duração, se sinta deprimido, enfastiado, aborrecido e com dúvidas a respeito das técnicas que utiliza ou de seu próprio valor como terapeuta. Às vezes ocorre-lhe ver-se inclinado a outras questões indiretas, como a pesquisa ou a docência. É natural que isto deva ser levado em conta e não descartado por medo de mudança ou por qualquer outra razão.

Às vezes pode acontecer que o terapeuta entre em conflito com dois dos requisitos mencionados acima, como o controle ou a humanidade. Neste caso, seu comportamento se modificará, transferindo a ênfase de uma situação a outra na medida em que a situação assim o exigir. Tudo dependerá de seu modo de ser, de sua flexibilidade, e do que achar mais conveniente em cada momento.

12 Influências que se percebem na psicoterapia gestáltica

Perls (1976) apontou em seu livro *O enfoque gestáltico e testemunhos de terapia* que os elementos que se encontram nesta terapia também se encontram em outros enfoques psicológicos, e que o importante aqui não são as partes ou peças que formam a teoria, mas o modo particular como são usadas e organizadas. É isso que dá ao enfoque sua singularidade e sua forma e, consequentemente, seu modo de perceber o ser humano.

Vamos utilizar aqui a expressão genérica de teoria da aprendizagem para referir-nos a um certo número de sistemas criados pelos psicólogos para explicar a aquisição do conhecimento e/ou o aparecimento de novas respostas.

A psicologia enfocou este tema da aprendizagem em diferentes épocas, a partir de duas perspectivas diferentes: a tradicional ou associacionista, que seria o que chamamos behaviorismo, e as escolas da introspecção, entre as quais se encontram o funcionalismo e a Psicologia da gestalt. Estas duas filosofias são conhecidas pelo nome de fenomenologia e existencialismo.

Nem o behaviorismo nem a fenomenologia são em si mesmos sistemas psicológicos. São antes métodos para descrever e estudar as variáveis associadas ao comportamento, e que tratam de explicá-lo desta maneira.

As teorias da aprendizagem afirmam que sua função está em especificar as condições-estímulo que determinam o comportamento, isto é, que reações experimentará o comportamento dos seres vivos aplicando-lhes estilos e sob determinadas condições.

Para o behaviorista e o fenomenólogo, a aprendizagem é um fenômeno que é regido por leis que é possível descobrir.

Para o behaviorista, uma resposta ou comportamento é um indicador da aprendizagem; o fenomenólogo, porém, estuda a aprendizagem ou qualquer comportamento através dos dados sensoriais, perceptivos ou cognitivos que o indivíduo lhe oferece.

Para outras teorias é o reforço ou a recompensa que determina o comportamento.

Além disso, para o behaviorismo, o comportamento observável é o único objeto de estudo e o único critério para avaliar o resultado de qualquer procedimento experimental; os outros fatores não são tomados em conta.

O fenomenólogo, por sua vez, acha que tudo que acontece dentro de uma pessoa – sensações, percepções, cognições, e em geral toda sua experiência –, em última análise, são dados psicológicos válidos, embora não possam ser verificados e devam ser inferidos por outra pessoa, considerando-os esquemas conceituais hipotéticos. E também considera que as mudanças geradas nestes esquemas conceituais, tais como o conceito de si mesmo ou o controle do eu, são dados e critérios válidos para julgar o resultado positivo ou negativo de uma terapia.

O behaviorismo e a fenomenologia aproximaram-se bastante através de teóricos da aprendizagem, como Miller, Tolman e Skinner, ao afastar-se de seu interesse exclusivo pelo ambiente (isto é, comportamento objetivo, observável e verificável) para acrescentar os fatos psicológicos internos como estímulos que governam e modelam o comportamento e influem sobre ele.

As teorias gestálticas contribuem para unir estas posturas trazendo à consciência certos comportamentos, e transformando os processos e as fantasias interiores num comportamento manifesto e observável.

O processo oriental da meditação centrado no viver o presente, o aqui e agora, cuja tradição de origem religiosa introduziu-se tanto na Europa como na América, também influiu na terapia gestáltica, conceito que, por outro lado, também encontramos no existencialismo, outra filosofia que, como veremos posteriormente, também influiu sobre a gestalt.

Mais uma das influências que encontramos nesta terapia procede de Jung, que se afastou da psicanálise freudiana em alguns aspectos que podemos encontrar na terapia gestáltica. Em primeiro lugar, viu o caráter polar da vida humana no comportamento manifesto, apontando para alguns aspectos que sobressaem tanto nas pessoas que não deixam aparecer seu oposto. Este conceito dos opostos é frequentemente tratado por Perls, que afirma: enquanto essas características reprovadas não forem reconhecidas como próprias e integradas na personalidade, o indivíduo permanecerá incompleto e desprovido de partes ou características que mantém alienadas.

A concepção gestáltica da polaridade ou dos opostos tem um alcance mais amplo. Não se limita ao arquétipo (JUNG, 1977c), mas a polaridade surge de qualquer parte ou de qualquer qualidade do si mesmo. Isto é, qualquer característica que se encontre no ser humano ou fora dele tem seu oposto. O que acontece é que, quando uma característica é demasiadamente pronunciada, não deixa aparecer a outra, mas o ser humano e a natureza levam em si mesmos ambos os opostos.

Quando o indivíduo não aceita alguma característica por vivê-la como reprovável, o que ele faz é inibi-la, fortalecendo sua oposta, que é mais aceitável para ele ou para os outros.

Deste modo, encontramos em todo ser humano o opressor e o oprimido, o ágil e o entorpecido, o generoso e o egoísta, etc. Só varia em função da situação ou das pessoas que o rodeiam, quer seja uma característica aceita ou não. O ambiente é fundamental na escolha ou na rejeição de uma característica, como podemos ver nas consultas.

Jung (1977a) viu nos sonhos e em seu simbolismo expressões criativas do si mesmo de cada indivíduo, e não disfarces inconscientes de expressões vitais perturbadoras, como afirmava a concepção psicanalítica. Sustentou que os símbolos eram escolhidos pelas pessoas porque eram o meio mais rico e completo de que dispunham para dizer o que têm ou o que precisam dizer. Assim, também o gestaltista considera os sonhos como expressões criativas e não como camuflagens. Esta é uma consequência do levar a sério os fenômenos em si e por si mesmos, em vez de escavar em busca de um significado "mais real", oculto. Para os gestaltistas, como já foi dito, o sonho é uma mensagem existencial da pessoa para si mesma, e responde ao presente e à vida dessa pessoa nesse momento. O gestaltista não recorre ao passado do paciente, mas trabalha com o comportamento que está desenrolando em cada momento. Um de seus objetivos consiste em conseguir que a pessoa permaneça no aqui e agora de sua experiência.

O conceito de situações inconclusas ou incompletas tem outra influência: a teoria gestáltica da aprendizagem. Os primeiros psicólogos da gestalt afirmavam que a necessidade de organização e integração da experiência perceptiva é inata no ser humano. A pessoa estrutura sua experiência de modo que alcance a totalidade e unidade de configuração, isto é, que alcance um significado. Ela tende a ver coisas completas, estruturas e totalidades, e não embrulhadas de coisas sem nenhum sentido.

Os psicoterapeutas atuais sustentam que a pessoa não pode seguir adiante sem ter completado qualquer experiência que sinta como incompleta. Porque, se não encerrá-la, esta experiência voltará à consciência ou à sua vida, interferindo negativamente até que a tenha concluído. Podemos observar um exemplo evidente deste fenômeno na neurose obsessiva, onde a pessoa repete o indizível, comportamentos cujo sentido final é tratar de terminar aquele comportamento inacabado que, em seu momento, foi reprimido pelos adultos, por ser considerado reprovável.

Relacionado com isto está também o conceito de figura-fundo da teoria da gestalt sobre a aprendizagem, a qual tem o caráter de economia, já que permite ao sujeito organizar em unidades poderosas o que percebe. Isto permite ao indivíduo um bom funcionamento, pois dá-lhe pontos de referência que lhe servem para um melhor desenvolvimento e compreensão do mundo que o cerca.

Procedem de Adler (1967) os conceitos de estilo de vida e do si mesmo criativo. Para Adler, o ser humano é um criador consciente de sua própria vida, a ponto de criar para si ficções pelas quais atuar, lutar e viver. Desta ideia deriva a responsabilidade do indivíduo sobre sua própria existência, conceito repetido continuamente por Perls em seus seminários, conferências e artigos. Este conceito é realmente importante na terapia gestáltica, pois, ao contrário de outras concepções psicológicas, o indivíduo não pode passar toda sua existência lançando a culpa de sua vida, seu comportamento e suas atuações em seus pais ou nas circunstâncias. O ser humano deve responsabilizar-se por si mesmo e por seus atos. Isto é indispensável para que se esforce por mudar sua situação se ela não lhe agrada, ou trate de fazê-la compatível com seus sentimentos, ideias e emoções. Enquanto continuar aferrado à ideia de que são os outros e não ele os responsáveis por sua situação, pode passar toda a sua vida culpando os outros por seus problemas e permanecer alheio a si mesmo. Como e por que o indivíduo vai mudar, se vão ser sempre os outros os culpados pelo que lhe acontece? Na maioria das vezes é mais fácil passar assim a vida do que esforçar-se e trabalhar para mudar o que nos molesta. As pessoas que assumiram um papel de vítimas têm que trabalhar a autorresponsabilidade.

A ideia principal de Adler (1967) – que era um terapeuta eminentemente prático – era sua concepção do paciente. Ele o considerava como um indivíduo único, e o tratava levando em conta todas as suas circunstâncias e todos os fatos que, de forma acidental, haviam influído nele desde seu nascimento: as características e influências maternas e paternas, a ordem que ocupava dentro da família em relação com os demais irmãos, etc., aspectos que inclusive hoje são considerados relevantes. Também a gestalt pensa que o ser humano vai criando a si mesmo, às vezes com fantasias e às vezes com realidades. Quando se cria com fantasias, é fácil cair no erro anterior da irresponsabilidade em relação a si mesmo, ou numa ideia acerca de si mesmo que está bem longe da realidade: uma personalidade narcisista, alheia a seus sentimentos e necessidades.

De Otto Rank (1929) foram tomados dois conceitos básicos na terapia gestáltica e, embora este autor baseie sua terapia na importância do trauma do nascimento e na influência futura deste trauma na pessoa adulta, também assegurou que o principal na vida é a luta pela individuação, ideia que posteriormente foi tomada por Kohut e Mahler. Há na pessoa dois grandes medos: o medo à união e à separação. A união comporta o medo de perder a individualidade, a independência e a liberdade; a separação cria o medo de perder a relação com o outro e o medo da solidão que este sentimento de individuação traz consigo. Para a psicoterapia gestáltica, a individuação pessoal e a responsabilidade entram nos objetivos principais. Os gestaltistas pensam que a individuação leva ao crescimento e ao autoapoio, o que implica que o indivíduo precisa munir-se de certas capacidades como também desenvolver outras, e criar novas possibilidades nascidas de sua própria criatividade e de seu próprio desejo de realizar-se e amadurecer.

Talvez tenha sido Reich (1955) que mais influiu em Perls ao interessar-se, não pelos sintomas, mas pelo caráter. Foi Reich o primeiro a transladar o comportamento diário à situação analítica – tanto na sessão como em sua vida cotidiana –, analisando características como a linguagem, os gestos, a postura, a tensão ou o relaxamento dos músculos. Reich pensava que a menos que esta couraça caracterológica fosse dissolvida através de uma análise, a pessoa não poderia chegar a resultados satisfatórios. Esta couraça que vai se formando a partir de atos habituais de repressão, e que, segundo ele, consistia em algo tão simples como se uma pessoa contraísse uma série de músculos para evitar uma conduta que havia sido reprimida ou rejeitada, tinha de ser diluída através da análise. A terapia derivada de Reich (1953), que é a bioenergética (seus principais discípulos foram Lowen e Pierrakos), dedica-se a afrouxar esta rigidez muscular, a fim de permitir o desbloqueio da energia e da excitação que o indivíduo havia constrangido, bloqueado e sepultado sob a couraça que o protegia.

Daí a grande importância que tem, para os gestaltistas, trabalhar com o corpo e com o ser humano como uma totalidade, e não como uma mera individualidade, na qual corpo, mente e psique são considerados instâncias separadas.

Esta nova concepção do ser humano deu lugar a que comportamentos tão básicos como a sensação e a expressão natural, não mediados por repressões ou ideias preconcebidas ou preconscientes, recobrassem o lugar que lhes correspondia dentro da vida e do comportamento humano. Estes novos comportamentos passam a fazer parte da personalidade do indivíduo como formas de expressão tão importantes como puderam ser os conflitos ou os sintomas.

Reich (1993) queria que se estimasse o comportamento por seu valor próprio, não aceitando as ideias de Freud sobre a sublimação, quando descrevia atividades adultas como a arte, a medicina ou qualquer outra atividade, como disfarces destinados simplesmente a ficar bem diante da sociedade, nem aceitando motivos subjacentes nesses comportamentos. Este ponto de vista reichiano é aceito pela psicoterapia gestáltica. E esta forma de "olhar simplesmente as coisas simples" deu lugar a uma fenomenologia mais vigorosa e humana, onde o indivíduo deixa de ser visto como uma patologia, e seus atos não são vistos como meras repressões que ocultam outros significados disfarçados, mas como algo muito mais rico e variado.

Jacob Levy Moreno (1966) foi o primeiro a assinalar que a arte é uma forma nova e criativa de terapia. Esta nova forma é conhecida pelo nome de psicodrama. Com esta nova técnica, abrem-se novas possibilidades criativas à própria vida. Esta técnica, que tem sua origem no teatro e na representação dos diferentes personagens que intervêm na vida da pessoa, também teve uma influência decisiva na concepção final da psicoterapia gestáltica e, mais concretamente, na forma tão original de trabalhar os sonhos, forma terapêutica que até então não era praticada. Porém, o mais importante da técnica de Moreno consistiu em assinalar que a pessoa tem mais possibilidades de fazer descobertas e de experimentar novas coisas e sensações na vida, se participar numa experiência do que se simplesmente limitar-se a falar dela ou sobre ela. Com esta ideia afiança-se a grande importância da experiência direta em vez do relato que se pode fazer da mesma, a partir de fora. Aqui aparece outro conceito no tratamento dos pacientes. Se o paciente se envolver em sua própria terapia, ele aumenta sua participação na terapia e perde sua passividade, tão acentuada em outras técnicas, e passa de uma atitude passiva e espectadora para outra mais ativa e comprometida.

O que diferencia Perls de Moreno talvez seja mais o estilo do que a teoria. Moreno (1974), na representação dramática, fazia intervir os membros do grupo para representar os diversos personagens que intervinham numa situação conflitiva. Perls, ao contrário, baseando-se na projeção, fazia os próprios pacientes representar os diversos personagens e estabelecer os diálogos de uns com outros. Neste sentido, todo o material que o paciente produzia só era trabalhado por ele, não dando lugar às projeções por parte de seus companheiros de grupo.

No entanto, é ao existencialismo que a psicoterapia gestáltica deve pontos de vista novos e criativos sobre a autoridade, a experiência direta e participante, e a aplicação dos princípios psicoterapêuticos ao desenvolvimento pessoal do indivíduo. Ver a figura 12.1.

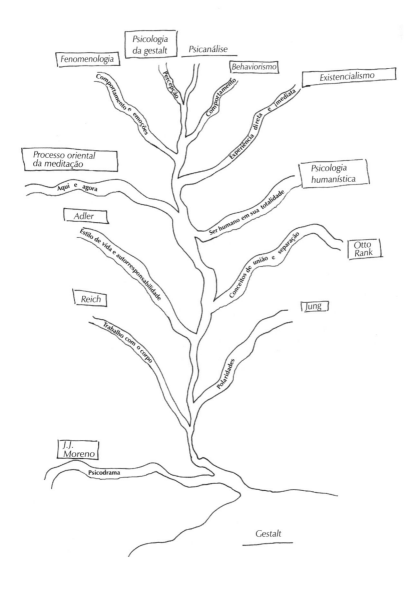

Figura 12.1 – Influências que se percebem na psicoterapia gestáltica

Bibliografia

ADLER, A. (1967). *Práctica y teoría de la psicología del individuo*. 4. reimpr. Buenos Aires: Paidós.

DÍEZ BENAVIDEZ, M. (1977). *Método transaccional gestáltico*. México: Diana.

FAGAN, J. & SHEPHERD, I. (1973). *Teoría y técnica de la psicoterapia gestáltica*. Buenos Aires: Amorrortu.

FREUD, A. (1974). *El yo y los mecanismos de defensa*. Buenos Aires: Paidós.

GINGER, S. (1987). *La gestalt*: une thérapie du contact. Paris: Hommes et Groupes.

HUNEEUS, F. (1986). *Lenguaje, enfermedad y pensamiento*. Santiago do Chile: Cuatro Vientos.

JAMES, M. & JONGEWARD, D. (1990). *Nacidos para triunfar*: análisis transaccional con experimentos gestalt. Buenos Aires: Marymar.

JUNG, C.G. (1977a). *El hombre y sus símbolos*. Barcelona: Caralt.

_____ (1977b). *El secreto de la flor de oro*. Buenos Aires: Paidós.

_____ (1977c). *Arquetipos e inconsciente colectivo*. Buenos Aires: Paidós.

KOFFKA, K. (1973). *Principios de la psicología de la forma*. Buenos Aires: Paidós.

KÖHLER, W. (1963). *Dinámica en la psicología*. Buenos Aires: Paidós.

KÖHLER, W.; KOFFKA, K.; SANDER, F. (1969). *Psicología de la forma*. Buenos Aires: Paidós.

LATNER, J. (1973). *El libro de la Terapia gestalt*. México: Diana.

LOWEN, A. (1985). *El lenguaje del cuerpo* – Dinámica física de la estructura del carácter. Barcelona: Herder.

MARTÍN, A. & VÁZQUEZ, C. (2005). *Cuando me encuentro con el Capitán Garfio (no) me engancho*. Bilbao: Desclée de Brouwer.

MASLOW, A.H. (2000). *El hombre autorrealizado*: hacia una psicología del ser. Barcelona: Kairós.

_____ (1983). *La personalidad creadora*. Barcelona: Kairós.

MORENO, J.L. (1974). *Psicodrama*. Buenos Aires: Hormé.

_____ (1966). *Psicoterapia de grupo y psicodrama*. México: Fondo de Cultura Económica.

PERLS, F. (1976). *El enfoque gestáltico y testimonios de terapia*. Santiago do Chile: Cuatro Vientos.

_____ (1975a). *Yo, hambre y agresión*: los comienzos de la Terapia gestaltista. México: Fondo de Cultura Económica.

_____ (1975b). *Dentro y fuera del tarro de la basura*. Santiago do Chile: Cuatro Vientos.

_____ (1974). *Sueños y existencia*. Santiago do Chile: Cuatro Vientos.

PERLS, F.; HEFFERLINE, R.; GOODMAN, P. (1970). *Gestalt Therapy*: Excitement and Growth in the Human Personality. Nova Iorque: Julian Press.

POLSTER, E. & POLSTER, M. (1977). *Terapia gestáltica*. Buenos Aires: Amorrortu.

RANK, O. (1929). *El trauma del nacimiento.* Barcelona: Paidós.

REICH, W. (1993). *La función del orgasmo.* 5. reimpr. Barcelona: Paidós.

_____ (1955). *Análisis del carácter.* Barcelona: Paidós.

SCHNAKE, A. (2001). *La voz del síntoma.* Santiago do Chile: Cuatro Vientos.

_____ (1995). *Diálogos del cuerpo.* Santiago do Chile: Cuatro Vientos.

_____ (1987). *Sonia, te envío los cuadernos café.* Buenos Aires: Estaciones.

STEVENS, B. (1978). *No empujes el río.* Santiago do Chile: Cuatro Vientos.

STEVENS, J.O. (1979). *El darse cuenta.* Santiago do Chile: Cuatro Vientos.

STEVENS, J.O. (org.) (1978). *Esto es gestalt.* Santiago do Chile: Cuatro Vientos.

SCHULTZ, W.C. (1978). *Todos somos uno:* La cultura de los encuentros. Buenos Aires: Amorrortu.

TARAGANO, F. (1974). *Psicoanálisis gestáltico:* Teoría de la personalidad; Teoría de la enfermedad psíquica. Buenos Aires: Paidós.

VON WEIZSACKER, V. (1975). *El círculo de la forma.* Madri: Morata.

WERTHEIMER, M. (1945). *El pensamiento productivo.* Buenos Aires: Paidós.

_____ (1925). *Tres contribuciones a la Teoría gestalt.* Buenos Aires: Paidós.

ZINKER, J. (1980). *El proceso creativo en la Terapia gestalt.* Buenos Aires: Paidós.

Índice

Sumário, 5

Agradecimentos, 7

Prólogo, 11

1. Psicologia da gestalt ou teoria da forma, 15

    Pressupostos básicos da Teoria da gestalt, 18

    Princípios que regem a organização dos elementos no campo gestáltico, 24

2. Psicoterapia gestáltica, 26

    Psicoterapia organísmica, 30

    O que é uma gestalt e sua formação, 31

    Homeóstase, 34

    Ambiente, 35

    Emoção, 37

    Ação, 39

    O esquema da pessoa ou a gestalt-pessoa, 40

    Fundamentos da psicoterapia gestáltica, 42

3. O dar-se conta, 45

    O dar-se conta de si mesmo ou do mundo ou zona interior, 45

O dar-se conta do mundo ou zona exterior, 48

O dar-se conta da zona intermédia ou zona da fantasia, 48

4. O contato, 55

Tipos de contato, 59

O contato como algo evitado em outras psicoterapias, 61

Os limites ou as fronteiras do eu, 63

Tipos de limites, 65

Formas mais comuns de interromper o contato, 73

Exercícios para restabelecer o contato, 75

5. O ciclo gestáltico, 83

6. O neurótico e a neurose, 87

Forças que interferem no contato com o ambiente, 89

A angústia, 93

O que é a neurose?, 97

Estratos da neurose, 100

Estrato falso, 100

Estrato fóbico, 101

Estrato do *impasse*, 102

Estrato implosivo, 103

Estrato explosivo, 104

Finalização do tratamento, 108

7. Os mecanismos neuróticos: como se desenvolvem, 110

A introjeção, 111

A projeção, 114

A confluência, 116

A retroflexão, 118

O egotismo, 121

A deflexão, 122

A proflexão, 123

Outros mecanismos, 123

A negação, 123

A racionalização, 125

8. A personalidade, 126

Importância da ansiedade na personalidade, 130

Personalidade central, 136

Personalidade abandônica, 137

Personalidade persecutória, 137

Personalidades nas quais predomina o sentimento de ser excluído, 138

Personalidade segura e não ansiosa, 139

Identidade, 140

Autorrealização, 143

9. Técnicas da psicoterapia gestáltica, 145

Regras e técnicas, 145

As regras, 145

O princípio do aqui e agora, 146

Eu e você, 148

Linguagem pessoal *versus* linguagem impessoal, 149

O contínuo de consciência, 149

Não murmurar, 150

Fazer ou formular perguntas, 151

"Sim... mas...", 152

As técnicas, 153

Técnica do diálogo, da cadeira vazia ou da cadeira quente, 154

Fazer a ronda, 155

Assuntos pendentes, 156

Torno-me responsável, 160

O jogo das projeções, 161

Antítese ou jogo de representação de papéis, 161

O ritmo contato-retirada, 163

Ensaio teatral, 164

Exagero, 165

Você me permite que lhe dê uma sentença ou sinalizações?, 167

10. Os sonhos, 168

Introdução, 168

Escolha dos elementos nos sonhos, 171

Formas de trabalhar os sonhos, 174

Algumas características dos sonhos, 178

Formas para trabalhar os próprios sonhos, 180

Benefícios que podem ser obtidos dos sonhos, 182

11. A função do terapeuta, 184

Julgando, 185

Ajudando, 185

Assinalando deveres e obrigações, 187

Explicando, 188

Características do terapeuta, 188

    Pautação, 189

    Controle, 189

    Potência, 190

    Humanidade, 190

    Compromisso, 191

12. Influências que se percebem na psicoterapia gestáltica, 193

Bibliografia, 203

Para contatos com a autora

Escuela de Terapia Gestalt I.P.G.

C/ Agastia, 112 A

28043 Madrid – España

Tel.: 91-361-29-09

www.ipg-gestalt.com

MEDICINA ALTERNATIVA

Câncer Tem Cura
Frei Romano Zago, OFM
208 páginas

A cura que vem dos chás
Carlos Alves Soares
264 páginas

Medicina Simples - Orientações e medicamentos
Germano Schinkoeth Reis
96 páginas

Plantas Medicinais - Do cultivo à terapêutica
Vários autores
248 páginas

As Plantas Medicinais como Alternativa Terapêutica
Carlos Alves Soares
176 páginas

Manual de Nutrientes - Prevenção das doenças através dos alimentos
Eronita de Aquino Costa
240 páginas

Babosa Não é Remédio... Mas cura!
Frei Romano Zago, OFM
128 páginas

Doenças Tratadas com Plantas Medicinais
Lelington Lobo Franco
144 páginas

EDITORA VOZES

Conecte-se conosco:

f facebook.com/editoravozes

◎ @editoravozes

🐦 @editora_vozes

▶ youtube.com/editoravozes

🗨 +55 24 2233-9033

www.vozes.com.br

Conheça nossas lojas:

www.livrariavozes.com.br

Belo Horizonte – Brasília – Campinas – Cuiabá – Curitiba
Fortaleza – Juiz de Fora – Petrópolis – Recife – São Paulo

  Vozes de Bolso

EDITORA VOZES LTDA.
Rua Frei Luís, 100 – Centro – Cep 25689-900 – Petrópolis, RJ
Tel.: (24) 2233-9000 – E-mail: vendas@vozes.com.br